모든 상처는 흔적을 남긴다

영혼에 새겨진
트라우마를 극복하고
상흔을 치유하는 법

리즈 부르보 지음
박선영 옮김

모든 상처는

Les 5 blessures qui empêchent d'être soi-même

흔적을 남긴다

상처를 마주한
용감한 학자들에게
감사를 표하며

내가 이 책을 쓸 수 있었던 것은 많은 연구자들이 주위의 거센 반대에도 아랑곳하지 않고 용감하게 연구 성과를 세상에 발표해준 덕분이다. 그들은 세상의 비난을 이미 예측했으며 기꺼이 감수할 준비가 되어 있었다.

먼저 오스트리아의 정신분석가인 지그문트 프로이트*에게 감사를 드린다. 프로이트는 '무의식'의 발견이라는 인류 역사상 기념비적인 업적을 남겼다. 그는 인간의 감정과 정신 상태는 육체에 영향을 미친다고 주장했다.

프로이트의 제자 중 한 사람인 빌헬름 라이히**에게도 감사한다. 라이히는 스승의 업적을 가장 정확하게 계승했고 한층 더 발전시켰다. 그는 정신과 육체가 긴밀하게 연결되어 있다는 사실을 처음으로 발견했다. 신경증이 단순히 정신뿐 아니라 육체에도 영향을 미친다는 사실을 증명한 것이다.

나아가 라이히의 제자인 존 피에라코스***와 알렉산더 로웬****

---

* Sigmund Freud, 1856-1939, 심리학자이자 의사로서 정신분석의 창시자.

** Wilhelm Reich, 1897-1957, 오스트리아의 정신분석학자이자 사회 운동가, 페미니스트. 오르가슴의 억압으로 인해 정신증이 생긴다고 주장했다.

*** John Pierrakos, 1921-2001, 『코어 에너제틱스(CORE ENERGETICS)』(2005)의 저자이자 동명의 심리치유센터인 「코어 에너제틱스(CORE ENERGETICS)」 창립자.

**** Alexander Lowen, 1910-2008, 의학박사이자 정신과 전문의. 바이오 제네틱스 창시자. 뉴욕 국제 바이오 제네틱스 분석 연구소 소장.

에게도 감사를 드린다. 존 피에라코스는 가면과 낮은 자아, 높은 자아, 이상화된 자아, 삶의 작업과 같은 개념을 제시했고 어릴 적 생존을 위해 잘못된 이상과 적응이 시작되는 과정을 가면의 침투라고 설명했다. 이 책의 상처와 가면에 대한 개념은 그의 이론을 발전시킨 것이다.

라이히의 제자인 알렉산더 로웬은 정신의학의 시각에서 마음과 신체의 연관성에 착안, 몸의 활동을 이용한 우울증 치료를 실천해 세계적으로 유명해졌다. 두 사람은 신체 심리치료요법인 바이오에너제틱스***** 체계를 구축해서 감정과 정신의 치유와 육체의 치료가 얼마나 밀접하게 관련되었는지를 밝혀냈다.

이 책이 과거의 다양한 연구 성과를 통합할 수 있었던 것은 존 피에라코스가 남긴 업적 덕분이다. 그의 제자이자 심리치료사인 배리 워커Barry Walker가 1992년에 개최한 흥미로운 세미나에 참가한이래 나는 열정적으로 다섯 가지 마음의 상처와 그것이 만들어내는 가면의 관계를 규명하려고 애썼다. 이 책에서 이야기한 사례는 모두 워크숍에 참가한 분들의 소중한 경험이다. 부끄럽지만 내 개

***

***** Bioenergetics, 신체 심리 치료요법. 몸의 언어를 읽고 다양한 운동으로 긴장을 풀며 생명 에너지를 분출시켜 감정과 마음을 해방시키고 치유하는 치료요법.

인적인 경험도 함께 소개했다.

처음으로 내 책을 읽는 사람이라면 어떤 표현들은 이해하기 어려울 수도 있다. 예를 들어 나는 '기분 sentiment'과 '감정 emotion'을 명확히 구별한다. 또 '지식 intellect'과 '지혜 intelligence', '제어하다 master'와 '지배하다, 통제하다 control'를 구별한다. 그리고 이 책에서 이야기하는 '자기 자신'이라는 단어는 내면에 가려진 진정한 자신을 가리킨다.

이 책에는 소위 '과학적인 증명'이 이루어지지 않은 내용도 있다. 하지만 오랜 기간 임상을 통해 확인한 이 이야기들을 무턱대고 의심하지 말고 당신의 일상 속에서 직접 확인해보기 바란다. 그리고 지금껏 당신을 괴롭히던 상처와 가면에서 벗어나 아름다운 자신과 행복의 가능성을 발견할 수 있기를, 부디 나와 같은 기쁨을 맛볼 수 있기를 바란다.

CONTENTS

내 안의 상처와 가면 찾기

다음 30문항 중 자신에게 해당하는 특징을 고르고,
자신과 관련된 상처와 가면 타입을 확인하세요.

YES

1 사람들 사이에 있어도 이방인 같은 느낌을 자주 받는다. ☐

2 사람들에게 주목받는 건 너무 괴롭다. ☐

3 "의미 없어", "상관없어"라는 말을 자주 쓴다. ☐

4 물질적인 세계보다는 정신적인 세계에 매력을 느낀다. ☐

5 불안하면 식욕이 떨어진다. 단것이나 알코올에 의존한다. ☐

6 자주 설사를 한다. ☐

--- ( )개

7 등이 앞으로 심하게 굽어 있다. ☐

8 거절의 말을 듣게 되지 않을까 무섭다. ☐

9 자신이 종종 쓸모없다고 느낀다. ☐

10 희생자처럼 행동하며 늘 타인의 관심과 지지를 필요로 한다. ☐

11 외톨이라는 말을 자주 하며 혼자 있는 게 가장 두렵다. ☐

12 호흡 장애가 있다. ☐

--- ( )개

13 습관처럼 자기 책임도 아닌 일까지 떠안는 경우가 많다. ☐

14 사랑하는 사람, 가까운 사람과 있으면 종종 자신이 무력하다고 느낀다. ☐

15 자신이 돼지처럼 뚱뚱하다고 느껴진다. ☐

YES

16 등과 어깨 쪽이 많이 아프다. ☐

17 자기 일만 먼저 챙긴다고 비난받지 않을까 항상 걱정한다. ☐

18 초콜릿이나 사탕 등 단것을 아주 좋아한다. ☐

-- ( )개

19 남들보다 자기주장이 강한 편이다. ☐

20 누군가 물어보면 "그건 내가 알아요!"라는 말을 자주 쓴다. ☐

21 관계 맺기를 꺼리거나 이별이 잦은 편이다. ☐

22 사랑에 잘 빠진다. ☐

23 거짓말에 속거나 자신이 거짓말쟁이로 여겨질까 봐 두렵다. ☐

24 음식에 향신료를 많이 첨가해 먹는 편이다. ☐

-- ( )개

25 완벽주의자이며 자신을 기쁘게 하는 일에 서투르다. ☐

26 '물론', '반드시', '아시다시피', '확실하지 않아' 같은 말을 자주 사용한다. ☐

27 남이 주는 선물이 부담되거나 달갑지 않을 때가 많다. ☐

28 모든 것이 제자리에 정확하게 있는 것이 좋다. ☐

29 탈진할 때까지 일할 때가 많다. ☐

30 자제력을 잃거나 실수할까 봐 항상 걱정한다. ☐

-- ( )개

앞 페이지의 문항 중 YES라고 체크한 부분의 번호를 확인하고, 아래 그래프의 A~E 항목별 YES 개수에 점을 찍어보세요. 모든 점을 연결했을 때 가장 높이 올라온 부분이 본인의 대표적인 유형입니다.

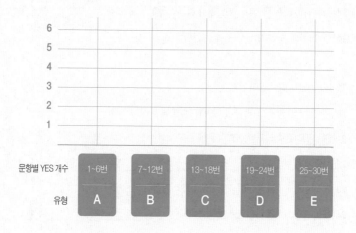

그래프는 한 부분이 도드라질 수도 있고, 완만하게 분산될 수도 있습니다. 여러 가지가 중첩적으로 높게 나온다면 많이 나온 유형 모두에 관심을 기울이세요. 예를 들어 D가 가장 높지만 B가 그 다음으로 높을 경우, D와 B 유형을 모두 확인하는 게 좋습니다.

A~E에 해당하는 상처와 가면의 종류는 아래와 같습니다. 수치가 높을수록 상처가 크고 깊으며 그만큼 오랜 시간 가면을 쓴다는 의미입니다.

A	'거부'의 상처	'도피하는 사람'의 가면
B	'버림받음'의 상처	'의존하는 사람'의 가면
C	'모욕'의 상처	'마조히스트'의 가면
D	'배신'의 상처	'지배하는 사람'의 가면
E	'부당함'의 상처	'완고한 사람'의 가면

10~11페이지의 테스트 문항만으로 상처를 확인하기 어렵다면 다음 페이지부터 서술된 유형별 신체적 특징에 주의를 기울이는 게 더 정확할 수 있습니다. 본문 내용 중 본인에게 해당되는 상처와 가면에 대한 부분을 집중해서 읽은 뒤 7장의 치유법까지 확인하기 바랍니다.

'도피하는 사람'의 가면
거부로 인한 상처의 특징

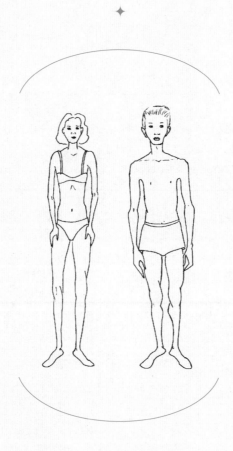

- **형성 시기**: 임신된 순간부터 생후 1년 사이. 아이 스스로 자기는 차라리 없는 편이 나았다고 느끼면서 상처가 만들어진다.
- **가면의 종류**: '도피하는 사람'의 가면
- **원인 제공자**: 동성의 부모
- **몸의 특징**: 오그라들어 있고 왜소하다. 마르고 몸에 힘이 없다.
- **눈의 특징**: 작고 불안이 가득하다. 눈 주변이 마치 가면처럼 보인다.
- **자주 쓰는 말**: 의미가 없다, 아무것도 아니다, 존재하지 않는다, 사라진다.
- **성격의 특징**: 물질에 무관심하다. 지적이고 완벽주의자다. 사랑과 증오의 감정이 극단적으로 변한다.자신은 존재할 가치가 없다고 생각한다. 성생활에 어려움을 겪는다. 스스로를 쓸모없고 하찮다고 느낀다. 혼자 있는 것을 좋아한다. 존재감이 없어서 어디서든 눈에 띄지 않는다. 도망가기 위해 모든 수단을 총동원한다. 쉽사리 넋을 잃고 멍해진다. 남들에게 이해받지 못한다고 생각한다. 내면의 아이가 숨이 막혀 제대로 살 수 없을 정도다.
- **가장 두려워하는 것**: 패닉
- **식사 습관**: 불안하면 식욕이 떨어진다. 입이 짧다. 단것이나 알코올, 약물에 의존한다. 거식증 경향이 있다.
- **걸리기 쉬운 병**: 피부병, 설사, 부정맥, 암, 호흡기계 문제, 알레르기, 구토, 현기증, 기절, 혼수상태, 광장공포증, 당뇨, 저혈당, 우울증(정도가 심하면 자살에 이를 수 있다), 조울증, 정신이상.

'의존하는 사람'의 가면
버림받음으로 인한 상처의 특징

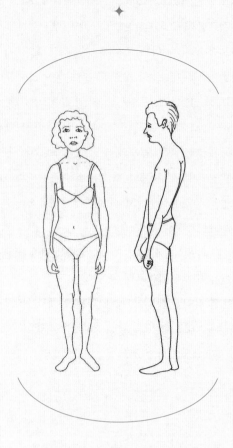

- **형성 시기**: 한 살에서 세 살 사이에 이성 부모와의 관계에서 만들어진다. 애정이 부족했을 때 혹은 자신이 원하는 애정을 받지 못했다고 느낄 때 상처가 깨어난다.
- **가면의 종류**: '의존하는 사람'의 가면
- **원인 제공자**: 이성의 부모
- **몸의 특징**: 키가 크고 말랐다. 생기가 없다. 활력이 없다. 등이 굽었고 하반신이 빈약하다. 팔이 지나치게 긴 데다 몸에 힘없이 매달린 것처럼 보인다. 뺨과 가슴, 엉덩이처럼 몸의 일부가 축 처져 있다.
- **눈의 특징**: 크고 슬픈 눈으로 사람의 시선을 잡아끈다.
- **자주 쓰는 말**: 같이 있어주지 않는다, 혼자, 외톨이, 참을 수 없다, 시간을 빼앗긴다, 날 버리지 말아요.
- **성격의 특징**: 희생자처럼 행동한다. 자아의 경계가 모호해서 쉽게 남과 동일시한다. 타인의 관심과 지지를 필요로 한다. 늘 누군가 곁에 있어주기를 원한다. 혼자서 결정내리기 쉽지 않다. 조언을 구하지만 꼭 따르는 것도 아니다. 목소리가 어린애 같다. '안 된다'는 말을 하지 못한다. '안 된다'는 말을 들으면 너무나 괴롭다. 늘 슬프다. 쉽게 울음을 터뜨린다. 동정을 불러일으킨다. 감정 기복이 심하다. 다른 사람에게 잘 매달린다. 빙의 체질. 눈에 띄고 싶어 한다. 독립하고 싶어 한다. 섹스를 좋아한다.
- **가장 두려워하는 것**: 고독
- **식사 습관**: 식욕 왕성. 과식 경향. 부드러운 음식을 좋아한다. 천천히 먹는다.
- **걸리기 쉬운 병**: 광장공포증, 천식, 기관지염, 두통, 저혈당증, 당뇨병, 췌장, 부신의 문제, 소화기관의 문제, 근시, 히스테리, 우울증, 두통, 난치병과 희귀병.

'마조히스트'의 가면
모욕으로 인한 상처의 특징

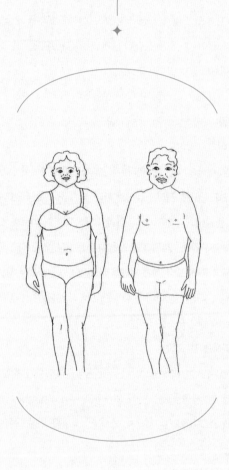

- **형성 시기**: 한 살에서 세 살 사이에 신체적인 성장을 돌봐주는 부모(대개는 엄마)와의 관계에서 만들어진다. 부모에게 지배당하면서 수치심을 느끼는 것이 원인이다. 자신은 자유롭지 않다고 느낀다.

- **가면의 종류**: '마조히스트'의 가면

- **원인 제공자**: 엄마

- **몸의 특징**: 살이 쪄서 몸 전체가 퉁퉁하다. 키는 작달막한 편으로 목이 두껍고 살집이 두둑하다. 목이 뻣뻣하고 목구멍은 막혔으며 턱과 골반이 튀어나왔다. 얼굴은 둥글며 퍼진 느낌이다.

- **눈의 특징**: 크고 둥근 눈이 열려 있다. 아이처럼 순수하다.

- **자주 쓰는 말**: 가치가 있다, 가치가 없다, 작다, 살쪘다.

- **성격의 특징**: 종종 자신과 남을 부끄럽게 여긴다. 또는 남에게 창피줄까 봐 두려워한다. 일이 빨리 진행되는 것을 좋아하지 않는다. 자신의 필요와 욕구는 알지만 만족시키려 애쓰지 않는다. 많은 짐을 짊어지고 있다. 수치심을 느끼지 않도록 조심한다. 자신을 더럽고 남보다 못하며 쓸모없는 인간이라고 생각한다. 자아의 경계가 모호해서 타인과 융합하기 쉽다. 스스로 자유롭지 않다고 여긴다. 그들에게 자유는 곧 규제가 없는 것이다. 자유로워지면 자신이 선을 넘어 행동할까 봐 두려워한다. 엄마처럼 남을 돌봐주고 싶어 한다. 남을 벌준다고 생각하지만 사실은 스스로를 단죄한다. 자신을 가치 있는 사람이라고 생각하고 싶어 한다. 자주 혐오감을 느낀다. 관능적인 매력이 넘치지만 섹스를 수치스럽게 여기며 자신의 성적 욕구를 충족시키려 하지 않는다. 음식으로 보상받고 싶어 한다.

- **가장 두려워하는 것**: 자유

- **식사 습관**: 기름지고 영양이 풍부한 음식을 좋아한다. 특히 초콜릿을 좋아한다. 과식하거나 여러 종류의 음식을 조금씩 먹는다. 단것을 사거나 먹는 일을 부끄럽게 여긴다.

- **걸리기 쉬운 병**: 등과 어깨 질환, 호흡기 계통의 문제, 정맥류나 염좌, 골절과 같은 다리의 질병, 간 질환, 목의 통증, 인두염, 후두염, 갑상샘 질환, 피부가려움증, 저혈당증이나 당뇨병과 같은 췌장 기관의 질병, 심장 질환, 각종 외과수술.

'지배하는 사람'의 가면
배신으로 인한 상처의 특징

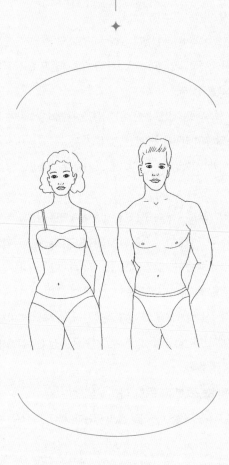

- **형성 시기**: 두 살부터 네 살 사이에 이성 부모와의 관계 속에서 만들어진다. 이 상처는 애정 혹은 성적인 면에서 부모에 대한 신뢰를 잃거나 부모가 기대에 부응해주지 않아서 만들어진다.
- **가면의 종류**: '지배하는 사람'의 가면
- **원인 제공자**: 이성의 부모
- **몸의 특징**: 힘과 에너지가 넘친다. 남성은 어깨가 떡 벌어져 건장하다. 여성은 상대적으로 어깨보다 엉덩이가 크고 단단하다. 가슴은 볼록하니 솟아 있다. 배는 앞으로 불거졌다.
- **눈의 특징**: 유혹하듯 강렬한 눈빛. 주변 상황을 재빨리 알아차린다.
- **자주 쓰는 말**: 분리되었다, 난 할 수 있어, 난 유능해, 나 혼자 하게 내버려둬, 그거라면 이미 알고 있어요, 날 믿어요, 그 사람 못 믿겠어요, 무슨 말인지 알겠지요?
- **성격의 특징**: 자신을 강인하고 신용할 만한 사람으로 여긴다. 특별하고 중요한 사람이 되려고 애쓴다. 약속을 아예 하지 않거나 했다면 무리를 해서라도 지키려고 한다. 종종 거짓말을 한다. 남을 유혹하거나 지배하고 싶어 한다. 남에게 많은 것을 기대한다. 변덕스럽다. 이해력과 상황 판단이 빠르고 민첩하게 행동한다. 주목받기 위해 화려한 몸짓을 한다. 배우의 소질이 있다. 스스로를 믿지 못한다. 예민하고 상처받기 쉬운 성격을 숨긴다. 의심이 많다. 약속을 깰까 봐 두려워한다.
- **가장 두려워하는 것**: 분리되는 것, 이별, 부정당하는 일.
- **식사 습관**: 식욕은 왕성한 편이다. 빨리 먹는다. 제공된 음식에 소금과 후추

같은 조미료를 직접 뿌린다. 바쁠 때는 식욕을 억제하지만 일이 끝나면 조절하지 못한다.

• **걸리기 쉬운 병**: 광장공포증, 관절의 강직, 출혈, 설사, 발기부전과 같은 몸의 기능조절 장애, 마비 증상, 간과 위 질환, 각종 염증, 구강 헤르페스.

'완고한 사람'의 가면
부당함으로 인한 상처의 특징

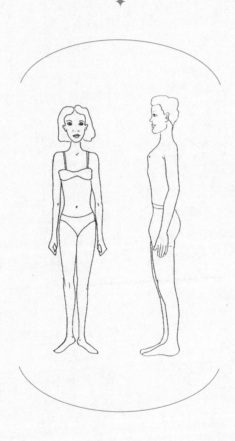

- **형성 시기**: 네 살에서 여섯 살 사이. 동성 부모와의 관계에서 만들어진다. 자기 한계를 넘어 무리하게 유능하고 완벽한 인간이 되려고 애쓰기 때문에 자신의 개성을 억압하게 된다.
- **가면의 종류**: '완고한 사람'의 가면
- **원인 제공자**: 동성의 부모
- **몸의 특징**: 몸이 곧고 바르지만 뻣뻣하게 굳어 있다. 자주 팔짱을 낀다. 자세도 완벽하려고 애쓰기 때문에 몸의 균형이 잘 잡혀 있다. 동그랗고 아름다운 모양의 엉덩이를 가지고 있다. 달라붙는 옷이나 허리띠로 몸을 꼭 죈다. 움직임이 뻣뻣하고 편하지 않다. 피부는 밝다. 입을 꼭 다무는 버릇이 있다. 고개를 똑바로 세우고 있어서 자긍심이 느껴진다.
- **눈의 특징**: 반짝반짝 빛난다. 밝고 투명하다.
- **자주 쓰는 말**: 괜찮아, 항상, 결코, 상당히 좋다, 특별하다, 그야말로, 말한 대로다, 분명히, 괜찮지요?
- **성격의 특징**: 완벽주의자. 남을 부러워한다. 자신의 감정에서 분리되어 있다. 유능하고 완벽한 사람이 되려고 한다. 지나치게 낙관적이다. 에너지가 넘치고 열정적으로 행동한다. 자기정당화를 하는 경우가 많다. 남에게 도움을 구하지 못한다. 자신의 민감함을 어색한 웃음으로 무마한다. 목소리가 건조하고 경직되어 있다. 자신이 문제를 껴안고 있다는 사실을 인정하지 않는다. 자기 선택에 확신이 없다. 남과 자주 비교한다. 받는 일에 서투르다. 남보다 적게 받거나 많이 받으면 부당하다고 느낀다. 자신을 기쁘게 하는 일에 죄책감을 느낀다. 자신의 한계를 존중하지 않고 자신에 대한 요구가 지나치다. 자신

을 절제할 수 있다. 질서 정연함을 좋아한다. 병에 걸리는 일은 거의 없다. 자신의 몸에 대해 엄격하다. 쉽게 화를 낸다.

- **가장 두려워하는 것**: 냉담함
- **식사 습관**: 단것보다 짜고 매운 음식을 좋아한다. 먹을 때 바삭거리며 씹히는 소리가 나는 음식을 좋아한다. 살찌는 것을 싫어해서 식욕을 철저히 억제한다. 식욕에 대한 절제를 잃으면 부끄럽게 느끼고 이런저런 핑계를 대서 합리화를 한다.
- **걸리기 쉬운 병**: 여성은 불감증, 남성은 발기부전이나 조루, 몸의 긴장이나 근육강직증, 탈진증후군, 건염, 점액낭염, 관절염과 같은 염증, 기운목, 변비, 치질, 경련, 순환기 관련 질병, 정맥류, 건조증, 여드름, 건선과 같은 피부질환, 간 질환, 신경증, 불면증, 시력장애.

Chapter 1

몸과 마음이

드러내는

영혼의 상처

1

경험을
받아들인다는 것

상처가 반복되는 이유

한 아이가 태어난다. 그 아이의 영혼은 자신이 왜 태어나는지 잘
알고 있다. 타고난 본성대로 다양한 경험을 하며 이번 생을 살아
내기 위해서다. 당신과 나, 우리 모두는 이 분명한 목적을 이루기
위해 태어난다. 온갖 경험을 받아들이고 자신을 진정으로 이해하
며 사랑하는 건 우리의 숙명이자 과제다.

안타깝게도 삶은 우리의 생각대로 풀리지 않는다. 살아간다는
건 자잘한 상처를 감내하는 일이기 때문이다. 대부분의 상처는 따
끔하다가 아물지만, 몇몇 상처는 치명적인 일격을 가한다. 문제는
이러한 상처로 좌절을 겪은 뒤 특정한 경험을 받아들이기를 거부
하는 사람이 많다는 점이다. 그들은 스스로를 비난하며 죄의식과
두려움을 느끼고 후회한다. 그리고 다시는 그런 일을 겪지 않으려

고 비슷한 상황이 닥치면 일단 회피하려 든다. 그런데 아이러니하게도 회피하면 할수록 비슷한 경험을 되풀이해서 겪는다. 버림받지 않기만을 바라는 사람은 버림받고, 배신당하지 않으려 촉각을 곤두세우는 사람은 결국 배신당한다. 상처받은 영혼이 유사한 상황과 사람을 끌어당기기 때문이다. 과거의 경험에서 생긴 상처는 존재 깊은 곳에 켜켜이 쌓여 삶의 모든 분야에 영향을 미친다. 경험을 온전히 받아들였을 때에야 비로소 되풀이되던 지옥 같은 상황이 끝나는 것이다.

'경험을 받아들인다'는 것은 그 상황에 동의한다는 뜻이 아니라 그 경험을 통해 배운다는 의미다. 도움이 되는 경험과 그렇지 않은 경험을 구별할 수 있다는 뜻이기도 하다. '경험을 받아들이기' 위해서는 우리의 모든 생각과 감정, 말과 행동이 특정한 결과를 낳는다는 사실을 깨달아야 한다. 비록 좋지 않은 결과로 끝이 나도 결코 자신을 탓하거나 타인을 원망을 해서는 안 된다. 의식적이었든 무의식적이었든 당신의 영혼은 스스로 그 경험을 선택했다. 그 사실을 인정하기만 하면 그걸로 충분하다. 그 경험이 도움이 되지 않았다는 것을 기억하는 것, 그리고 스스로 선택하고 겪었다는 사실을 인정하는 것, 이것이 바로 '경험을 받아들이는' 행위다.

"두 번 다시 그런 일은 겪지 않을 거야!"라고 결심해봐야 아무 소용없다. 경험을 받아들이지 못하는 이상, 몇 번이고 같은 실수를 저지르고 아파할 뿐이다. 도대체 왜 처음부터 이 사실을 깨닫지 못하는 것일까?

바로 자아Ego 때문이다.

당신이 미처 해결하지 못한 문제

사람의 내면에는 실로 다양한 믿음이 존재하고, 이것이 한데 모여 자아를 이룬다. 그리고 이 '자아'는 우리가 원하는 대로 살지 못하게 방해한다. 몇 번이고 같은 경험을 되풀이하는 이유는 바로 자아를 떨쳐내기 위해서다.

살면서 '받아들이지 못한 경험'은 '해결하지 못한 문제'가 되어 고스란히 당신 안에 쌓인다. 늘 "이번엔 이 문제를 꼭 풀고 말 거야!"라고 결심하지만 막상 그 순간이 닥치면 까맣게 잊어버린다. 오랜 세월이 흐르고 나서야 조금씩 해결하지 못한 문제와 결심, 삶의 계획을 떠올린다.

'경험을 받아들이는 것'과
'자신을 받아들이는 것'은 전혀 다른 이야기다.

이후에도 계속 반복해서 당신에게 벌어지는 문제, 즉 '해결하지 못한 문제'는 '자신을 받아들이지 못한 상태'에서 겪은 경험들이다.

딸이라는 이유로 아버지에게 거부당한 한 여자아이의 사례를 통해 그 차이를 알 수 있다. 이 경우, 경험을 받아들인다는 것은 아버지가 아들을 원했기에 자신을 거부했다는 사실을 이해하는 것이다. 한편 자신을 받아들인다는 것은, 그런 아버지라면 누구라도 원망할 수 있다고 인정하며 아버지를 미워한 자신을 용서한다는 의미다. 그 누구도 탓해서는 안 된다. 그저 아버지와 자신이 겪은 고통을 이해하고 서로를 가엾이 여겨야 한다. 훗날 그 아이가 누군가를 거부했을 때 자신을 탓하지 않고 불쌍하게 생각한다면, 즉 자신을 받아들인다면 상황은 해결된다. 동시에 상대방 역시 '누구나 거부할 수 있다'는 것을 이해하고 자신을 거부한 이를 원망하지 않고 연민한다면 상황은 그대로 종결된다.

이때 자아의 속임수에 주의해야 한다. 자아는 상황이 모두 해결된 것인 양 우리 눈을 가려버린다. "괜찮아. 그 사람이 왜 그런 짓을 했는지 난 다 이해해."라고 말할 때는 특히 더 조심해야 한다. 자아는 이해와 용서에는 큰 관심이 없다. 그저 상황 자체를 빨리 끝내고 싶어 할 뿐이다. 고통스러운 상황에서 도망치도록 부추기는 것은 자아의 전형적인 수법이다.

나 자신을 받아들이는 담대한 용서

우리는 누군가를 원망하는 자신을 용서하지 않은 채 살아간다. 이것은 단지 '경험을 받아들이는' 상태에 지나지 않는다. 다시 한 번 강조하지만 '경험을 받아들이는 것'과 '자신을 받아들이는 것'의 차이를 반드시 구별해야 한다. 힘든 경험을 받아들이기는 쉽지 않다. 이 모든 고통을 겪어야 하는 단 하나의 이유는, 우리도 남에게 같은 짓을 한다는 사실을 깨닫기 위해서다(우리의 자아는 그 사실을 절대 인정하려 들지 않지만 말이다).

어떤 이유를 들어 누군가를 비난하면 그 사람도 똑같은 이유로 당신을 비난할 것이다. 따라서 우리는 모두 자신을 이해하고 받아들이는 법을 배워야 한다. 그것만이 삶의 고통스러운 경험을 줄일 수 있다.

영원히 자아의 지배를 받으면서 살아갈지, 아니면 자기 인생의 주인이 될지는 오롯이 당신에게 달렸다. 물론 엄청난 용기가 필요할 것이다. 거듭된 삶 속에 쌓인 묵은 상처를 헤집어야 할 수도 있다. 또한 견디기 힘들 정도로 아플 것이다. 특정한 상황과 사람 때문에 받는 고통이 깊을수록 문제의 뿌리가 아주 오래전부터 이어졌을 가능성이 높기 때문이다.

2

반복되는 상처의
다섯 가지 유형

영혼에 새겨진 상처가 깨어나는 과정

우리의 내면에는 지치고 힘들 때마다 기댈 수 있는 '영적 존재'가 있다. 그것은 늘 우리 안에 머물며 삶을 어떻게 이끌어가야 할지, 또 성장하기 위해 어떤 시련을 겪어야 할지 정확히 알고 있다. 그래서 꼭 필요한 환경 속으로 우리를 이끈다.

우리는 과거에 받아들이지 못한 문제를 해결하기 위해, 우리의 부모는 자녀를 통해 자신의 문제를 해결하기 위해 이 세상에서 가족이라는 인연으로 만났다. 결국 모든 부모와 자식은 같은 상처를 껴안고 있는 셈이다.

우리 안의 상처는 어린 시절부터 조금씩 깨어난다. 누구나 자라면서 자신의 모습이 부모와 가족의 마음에 들지 않으며 그들을 힘들게 한다는 사실을 어렴풋이 깨닫는다. 그리고 가엾게도 자신의 모습이 옳지 않고 바람직하지도 않다고 믿게 된다. 그렇게 진정한 자신을 빼앗긴 아이는 고통스러운 나머지 분노에 찬 발작을 일으킨다.

분노가 반복되면 일상이 된다. 세상은 아이의 발작을 흔히 '위기의 아동'이나 '사춘기의 분노'라며 당연시하지만 그렇지 않다. 타고난 본성대로 자연스럽고 균형 잡힌 삶을 살아가는 아이는 결코 그런 발작을 일으키지 않는다. 안타깝게도 그런 아이들은 참 드물다. 대부분의 아이들은 다음 4단계를 거치면서 자기 안의 상처를 깨운다.

처음에는 자기 본성대로 살아가는 기쁨을 맛본다. 이것이 1단계다. 2단계에서는 그 모습 그대로는 살아갈 수 없다는 사실을 깨닫고 괴로워한다. 그리고 분노와 반항심이 폭발하는 3단계가 시작된다. 마지막 4단계에서 아이는 결국 모든 것을 체념하고 세상이 바라는 새로운 인격을 만들어낸다. 본래의 자신을 잃어버리는 것이다. 어떤 아이는 평생 3단계를 벗어나지 못한 채 자기를 둘러싼 환경에 끊임없이 반응하고 분노하며 살아간다.

3단계와 4단계를 거치는 동안 아이는 여러 개의 가면, 즉 새로운 인격을 만든다. 2단계에서 느낀 고통에서 자신을 보호하려는 것이다. 가면은 인간의 근본적인 다섯 가지 상처에 대응해서 만들어진다. 오랫동안 사람들을 관찰한 결과, 나는 인간의 모든 괴로움은 이 다섯 가지 상처 때문이라는 사실을 깨달았다. 상처들은 다음과 같은 순서대로 우리 삶에 들이닥친다.

> '거부'의 상처 → '버림받음'의 상처 → '모욕'의 상처 →
>
> '배신'의 상처 → '부당함'의 상처

우리는 상처받을 때마다 나라는 존재가 '배신당했다'고 느낀다. 그 순간만큼은 그 무엇도 들리지 않고 보이지 않는다. '믿음'과 '두려움'을 앞세운 자아가 우리 삶을 송두리째 삼켜버리기 때문이다. 그 고통을 견디다 못해 사람들은 가면을 쓴다. 세상으로부터 그리고 자기 자신으로부터 달아나 숨기 위해. 그것밖에는 달리 고통에서 벗어날 길이 없다.

그렇다면 우리는 어떤 가면들을 쓰고 있을까? 다섯 가지 상처에 따른 가면은 다음과 같다.

상처		가면
'거부'의 상처	➡	'도피하는 사람'의 가면
'버림받음'의 상처	➡	'의존하는 사람'의 가면
'모욕'의 상처	➡	'마조히스트'의 가면
'배신'의 상처	➡	'지배하는 사람'의 가면
'부당함'의 상처	➡	'완고한 사람'의 가면

이들 상처와 가면에 대해서는 각 장을 통해 자세히 살펴볼 것이다. 상처가 깊을수록 가면은 두꺼워진다. '도피하는 사람', '의존하는 사람'처럼 가면은 특정한 인격을 지닌 사람을 상징한다. 가면을 만들어낸 수많은 믿음들, 즉 자아가 그 사람의 성격과 행동 양식에 영향을 미치기 때문이다. 상처가 깊을수록 고통은 심해지고 더 자주 가면을 쓰게 된다.

상처받을 때마다 가면을 쓰는 자아

우리는 스스로를 지키고 싶을 때 가면을 쓴다. 예를 들어 남에게 부당한 대우를 받거나 자신의 잘못으로 인해 처벌받을까 두려울 때 '완고한 사람'의 가면을 쓰고 스스로를 보호하려 든다. 누군가 '완고한 사람'의 가면을 쓴다는 것은 그가 '완고한 사람'처럼 생각하고 느끼고 행동하기로 '선택했다'는 뜻이다.

상처와 가면의 관계를 더욱 쉽게 이해할 수 있는 예를 들어보겠다. 마음에 입은 상처를 다친 손가락이라 해보자. 상처를 들여다보기 싫은 사람은 제대로 치료하지 않고 반창고만 붙인 채 아무렇지 않은 척할 것이다. 여기서 반창고가 바로 가면이다. 사람들은 반창고가 상처를 가리듯, 가면을 쓰면 상처받지 않은 척 살아갈 수 있다고 여긴다. 하지만 눈에 보이지 않는다고 상처가 사라지는 건 아니다. 여전히 상처는 아프고, 당신 안에 고스란히 존재하기 때문이다. 우리 모두 그 사실을 잘 알지만 우리의 자아는 그것을 받아들이려 하지 않는다. 자아는 지금껏 그렇게 우리를 속여왔다.

다친 손가락 이야기로 돌아가자. 반창고는 붙였지만 누군가 그 손가락을 건드릴 때마다 쓰라려 견딜 수 없다. 사랑하는 이의 손길에도 "아파! 건드리지 마!" 하고 외친다. 그가 얼마나 당황스러울지 상상이 가는가? 그는 우리를 아프게 할 생각은 조금도 없었다. 그저 우리가 상처를 내버려둔 탓에 건드릴 때마다 아픈 것일 뿐, 고통은 결코 그들의 책임이 아니다.

모든 상처는 다친 손가락과 같다. 우리는 종종 타인에게 거부당하고 버림받으며 배신당하고 심한 모욕과 부당한 대우에 시달린다고 느낀다. 그때마다 상처 입었다고 생각하지만 사실은 우리의 자아가 '그 사람이 나쁘다'고 탓하고 싶을 뿐이다. 혹은 '내가 나쁘다'고 생각할 수도 있다. 이는 상대를 비난하는 것 이상으로 옳지 않다.

세상에 나쁜 사람은 없다.
단지 고통받는 이들이 존재할 뿐이다.

분명히 말할 수 있다. 자신이나 남을 탓하면 괴로운 경험은 끝없이 반복된다. 비난은 해결책이 아니며 우리를 불행에 빠뜨릴 뿐이다. 괴로워하는 사람을 가엾이 여기며 사랑으로 바라볼 때 비로소 우리 앞에 놓인 사건과 상황 그리고 사람들이 변하기 시작한다.

가면의 종류를 드러내는 직관적인 몸

어떤 가면을 썼는지 직관적으로 알아차릴 수 있는 방법이 있다. 바로 체형과 외모다. "어린아이의 상처도 꿰뚫어 볼 수 있나요?"라는 질문을 자주 받는데 충분히 가능하다. 이 책을 쓸 당시 난 7개월짜리부터 아홉 살 된 아이까지, 일곱 명의 손주들을 흥미롭게 관찰했다. 아이들의 신체를 보고 있으면 제각기 어떤 마음의 상처를 안고 있는지 쉽게 알 수 있는데, 그 나이 또래는 상처가 훨씬 눈에 잘 띈다. 그리고 이제는 다 큰 자식들의 몸을 보면 어릴 때나 사춘기 시절과는 또 다른 상처가 보인다.

우리 몸은 무척 지혜롭다. 해결해야 할 문제가 있으면 어떤 식으로든 반드시 알려준다. 몸이 우리와 소통하게 만드는 것은 우리 안에 존재하는 '진정한 자신'이다.

앞으로 다섯 장에 걸쳐 여러분은 자신과 타인의 가면을 꿰뚫어

볼 수 있는 방법을 배우게 된다. 마지막 장을 읽고 나면 지금껏 모른 척했던 상처를 치유하기 위해, 또 더 이상 고통받지 않기 위해 무엇을 해야 할지 깨달을 것이다. 그리고 이를 통해 상처를 감추던 가면을 벗어던질 수 있게 될 것이다.

상처와 가면을 설명하는 용어에 지나치게 얽매일 필요는 없다. 어떤 이는 거부당하고도 부당한 대우를 받았다고 느끼고 괴로워한다. 또 다른 이는 배신을 당했지만 그것을 거부로 받아들일 수도 있다. 버림받았으나 모욕을 당했다고 느끼는 사람도 있다. 혼란스럽다면 각각의 상처와 특징에 대한 설명을 확인하기 바란다. 보다 정확히 파악할 수 있을 것이다.

어쩌면 당신은 상처와 가면에 관한 설명을 읽으면서 "이거, 다 내 이야기잖아!" 하고 놀랄지도 모른다. 그러나 다섯 가지 상처를 모두 껴안고 살아가는 사람은 드물다. 그러므로 당신의 몸에 어떤 특징이 드러나는지 잘 살펴야 한다. 몸은 우리 내면의 문제를 충실히 반영하기 때문이다. 감정이나 정신적으로 무슨 일이 생기는지는 쉽게 알아차리기 어렵다. 자아가 자신의 유일한 생존수단인 '믿음'이 들통날까 두려워 우리 눈을 가리기 때문이다.

자아는 우리의 믿음으로 이루어진 존재로, 자신이 곧 '나'라고 믿기 때문에 상처로부터 벗어나기 위해 진짜 감정과 요구를 억누르며 '진정한 나'의 존재를 부인한다. 다양한 상처, 즉 거부, 버림받음, 모욕, 배신, 부당함의 상처에 대한 두려움이 자아를 더 강력하게 키우고 우리 삶을 지배하게 만든다.

가면 뒤에 숨은 여린 영혼

책을 읽다 보면 '이런 상처로 고통받는 사람은 이런 부모에게서 자랐다'라는 식의 단정적인 설명에 거부감을 느낄 수도 있다. 하지만 그 결론에 이르기까지 수천 명이 넘는 사람들을 관찰했다는 사실을 기억해주길 바란다. 나는 워크숍에서 늘 이렇게 말한다.

"사춘기 자녀를 누구보다 잘 이해해주는 부모가 오히려 아이와 해결할 문제가 더 많은 법입니다."

가장 사랑한다고 믿었던 부모를 사실은 원망하고 있었다니 누구라도 받아들이기 힘들 것이다. 그때 사람들이 보이는 첫 반응은 '부정'이다. 뒤이어 '분노'가 찾아오고 한참이 지나서야 진실을 받아들일 준비를 한다. 그리고 마침내 '치유'가 시작된다.

또한 상처와 관련된 성격이나 태도, 행동에 대한 설명이 지나치게 부정적으로 느껴질 수도 있다. 더군다나 그 상처들이 내 안에 존재한다고 생각하면 대응하는 가면의 설명도 적잖이 기분 나쁠 것이다. 그런 불쾌한 감정은 너무나 자연스러운 현상이며 또 인간적인 반응이다. 조급해할 필요는 없다. 스스로 납득할 수 있을 때까지 충분히 기다려주면 된다.

가면을 썼을 때의 모습은 본래의 모습이 아니다. 그러므로 누군가 당신의 마음을 다치게 했다면 그가 자신의 고통에서 벗어나려고 가면을 썼다는 사실을 떠올리자. 그 점을 잊지 않으면 상대를 가엾이 여기고 애정 어린 시선으로 바라볼 수 있다.

한창 버릇없고 거친 사춘기 소년이 있다. 세상은 그를 두려워하지만 소년이 자신의 약함과 두려움을 감추려 그런 가면을 썼다는 사실을 알게 되면, 당신은 그 아이를 전혀 다르게 대할 것이다. 그 소년이 결코 '거칠지도', '위험하지도' 않다는 사실을 잘 알기 때문이다. 그리고 두려움 없이 사랑으로 소년의 결점보다는 좋은 점을 찾아내려 애쓸 것이다. 사람들이 남의 결점을 파헤치려는 이유는 결국 '두려움' 때문이다.

당신은 어떤 상황이나 사람들을 만날 때마다 특정한 반응을 일으킬 수 있다. 그것은 당신에게 상처가 있다는 증거다. 그 사실을 인정하고 싶지 않겠지만 걱정할 필요는 없다. 자신을 지키려고 만든 가면은 영원하지 않다. 책의 마지막 장에 제시된 방법을 실천한다면 가면은 서서히 사라지고 당신의 몸도 따라서 바뀌어갈 것이다.

영혼이 치유되면 몸이 바뀐다

신체적인 변화가 확실히 나타나려면 몇 년이 걸릴 수도 있다. 반면 감정과 정신의 '몸'은 상대적으로 빨리 변한다. 예를 들어 외국에 나가고 싶어서(감정적 몸의 활동), 그곳에 간 상상을 하기(정신적 몸의 활동)는 쉽다. 그러나 계획을 세우고 돈을 모아 실제 그 나라에 도착할 때까지는 상당한 시간이 걸린다. 실제적인 변화는 더딜 수 있으나 온 마음을 다해 결심한다면 감정과 정신의 몸은 빠르게 바뀌기 시작할 것이다.

신체가 변하는 모습을 확인하고 싶다면 매년 사진을 찍는 것이 좋다. 몸의 구석구석을 클로즈업해서 찍어두면 미세한 변화도 알아차릴 수 있다. 남보다 실행력이 좋은 사람이 있듯, 남보다 몸이 빠르게 바뀌는 사람도 있다. 그러나 가장 중요한 것은 끊임없이 내면을 바꾸려고 노력하는 일이다. 내면의 변화야말로 당신을 더 행복한 사람으로 만들어준다.

이제부터 상처에 관한 설명을 이어갈 것이다. 특별히 공감되는 부분은 따로 정리해서 읽어보면 좋겠다. 또한 자신의 태도, 특히 육체적 특징이 들어맞는다고 느낀 부분은 반드시 다시 읽어보기 바란다.

Chapter 2

'거부',

가장 강렬한

———

증오

1

'도피하는 사람'의
가면을 쓴 사람들

인생의 첫 번째 상처, 거부와 버림받음

'거부' 혹은 '거부하다'란 정확히 어떤 의미인지 사전의 정의를
함께 살펴보자.

> 물리치다 / 쫓아내다 / 거절하다 / 부정하다 / 받아들이지 않는다

사람들은 종종 '거부하다'와 '버리다'를 혼동하지만 두 단어는 분
명히 의미가 다르다. '거부하다'는 상대방을 자기 곁에 두고 싶거나
인생을 함께하고 싶지 않아 밀어내는 행위다. 반면 '버리다'는 다
른 사람을 선택하려고 상대로부터 스스로 멀어지는 것이다. 따라
서 거부하는 사람은 '~하고 싶지 않다'고 말하지만 버리는 사람은
'~할 수 없다'고 말한다. 예를 들어 다음과 같은 식이다.

- **거부하는 사람**

  당신 때문에 힘들어. 더 이상 같이 살고 싶지 않아.

- **버리는 사람**

  내겐 그 사람이 필요해요. 당신과는 이제 만날 수 없어요.

'거부'의 상처는 상상할 수 없을 정도로 고통스럽다. 상처 입은 사람은 자신의 존재는 물론 이 세상에 살아갈 권리까지 거부당했다고 느끼기 때문이다.

다섯 가지 상처 중 인생에서 가장 먼저 맞닥뜨리는 것이 '거부'다. 우리는 태어나서 얼마 지나지 않아 '거부당하는' 셈이다. 어떤 사람은 태어날 때, 또 다른 사람은 태어나기도 전부터 부모에게 거부당한다. 흔히 말하는, '실수로 태어난 아이'를 예로 들어보자. 만일 아이의 영혼이 과거의 상처를 제대로 치유하지 못했다면 이번 생에서도 똑같이 거부당하고 상처받을 것이다. 부모가 원하는 성별이 아닌 채 태어난 아기도 마찬가지다. 그 밖에도 부모가 자식을 거부하는 이유는 다양하지만 반드시 기억해야 할 것이 있다. '거부의 경험을 극복해야 할 영혼'이 깨달음을 얻기 위해 그러한 환경에 자신을 노출시킨다는 점이다.

한편 부모는 전혀 그런 뜻이 아닌데 혼자 상처받는 아이들도 많다. 엄마 혹은 아빠의 경솔한 말투나 행동, 신경질적인 태도에 아이 스스로 거부당했다고 느끼는 것이다. 미처 아물지 못한 상처는 아주 사소한 자극에도 민감하게 반응하는 법이다. 거부당했다고 느낀 사람은 세상을 객관적으로 바라볼 수 없다. '상처'라는 색안 경을 통해 사물을 인식하므로 실제로 거부당하지 않아도 그렇게 느끼는 것이다.

거부당했다고 느낀 순간부터 아이는 '도피하는 사람'의 가면을 만들기 시작한다. 이 책에서 '도피하는 사람'이라는 용어는 거부 당해서 고통받는 사람을 가리킨다. '도피하는 사람'의 가면은 거 부의 괴로움에서 벗어나기 위해 만들어낸 새로운 '인격'인 셈이다.

우연히 최면을 통해 사람들이 태아 상태로 돌아가는 상황을 관 찰할 기회가 있었다. '도피하는 사람'들은 엄마 자궁 속에서조차 자 신이 아주 왜소한 존재이며 비좁고 어두운 곳에만 있어야 한다고 느꼈다. 그들을 보면서 '도피하는 사람'의 가면은 태어나기 전부터 만들어질 수 있음을 확신했다.

주목받는 건 두렵지만 몰라주면 서글픈, 존재의 역설

일단 가면을 쓰면 더 이상 본래의 자신이 아니게 된다. 본성을 감추고 남들이 원하는 대로 행동해야 자신을 지킬 수 있다고 믿기 때문이다.

거부당했다고 느꼈을 때 사람들의 첫 번째 반응은 '도망치는 것'이다. 아이들은 '도피하는 사람'의 가면을 쓰고 자신이 상상하는 세계로 달아난다. 그들이 말썽도 부리지 않고 말 잘 듣는 소위 '착한 아이'가 되는 이유다.

현실에서 달아난 아이는 상상의 세계에서 마음껏 뛰논다. 자신을 거부한 엄마 아빠는 진짜 부모가 아니며 틀림없이 병원에서 아기가 바뀌었을 거라고 믿는다. 그리고 어떻게든 집에서 도망칠 궁리를 하는데 그중 하나가 학교에 가는 일이다. 하지만 막상 학교에서도 친구들에게 거부당했다고 느끼면 다시 상상의 세계로 달아나 외톨이가 된다. 한 여성은 학창 시절 내내 자신이 마치 '이방인' 같았다고 털어놓았다.

이런 아이들은 자신이 이 세상에 존재할 권리가 있다는 사실을 좀처럼 믿지 못한다. 하지만 그런 만큼 더욱 더 사람들이 자신의 존재를 알아주길 바란다.

손님이 집에 올 때마다 옷장 속에 숨는 여자아이가 있었다. 다들 아이를 찾느라 야단법석이지만 정작 아이는 옷장 속에서 꼼짝도 않은 채 속으로 외친다.

"나 여기 있어요. 제발 나 좀 찾아줘요!"

이 세상에 있어도 괜찮은 건지 확신할 수 없는 아이는 그런 식으로라도 자신의 가치를 증명하고 싶어 한다.

'도피하는 사람'인 아이들은 또래보다 체구가 작고 연약해서 예쁜 인형 같다. 그래서 엄마는 아이를 과보호하며 버릇처럼 "우리 애는 아직 어려서 이런 일은 힘들어요.", "이건 네가 좀 더 커야 할 수 있는 일이란다." 하고 말한다. 아이는 엄마 말을 곧이곧대로 믿기 때문에 몸이 제대로 자라지 못한다. 결국 아이에게 '사랑'은 '억압'일 뿐이다. 훗날 누군가 그 아이를 사랑해주려고 다가오면 또다시 억압받을까 봐 상대방을 거부하거나 도망친다. 과보호를 받는 아이는 자신이 거부당했다고 믿을 수밖에 없다. 아무도 자신을 있는 그대로 받아들여주지 않기 때문이다. 어른들은 아이를 위하는 마음에 모든 것을 대신 해주지만 아이는 그럴 때마다 사랑받기는커녕 자신의 존재가 '거부당했다'고 느낀다.

물질세계에 대한 거부감

'도피하는 사람'은 그다지 물건에 흥미가 없다. 일단 관심을 가지면 그 물건에서 '도망치기' 힘들기 때문이다. 그들은 물질세계를 비웃으며 이렇게 말한다. "도대체 이런 게 왜 필요하다는 거야?", "이걸 가진다고 행복해질 수 있겠어?" 물질세계에 냉소적인 그들은 지적 세계를 포함한 정신적인 활동에는 상당히 매력을 느낀다.

그들은 결코 즐거움을 얻기 위해 물건을 사거나 쓰지 않는다. 한 여성은 "쇼핑을 아무리 해도 전혀 신나지 않았어요."라고 털어놓았다. 그녀는 그저 살아 있다는 걸 느끼기 위해 물건을 사들였을 뿐이다. '도피하는 사람'도 돈의 필요성은 인정하지만 돈이 결코 그들을 행복하게 해줄 수는 없다.

물질에 별 관심이 없으므로 성생활 역시 원만하지 못하다. 성행위는 정신적인 세계에 어긋난다고 보기 때문이다. 몇몇 여성들은 "섹스는 정신적인 기쁨을 주지 못해요. 아이를 낳고 나니 더 싫어졌어요."라고 말했다. 임신을 하면 남편들도 마찬가지로 출산할 때까지 부부생활을 꺼린다. '도피하는 사람'은 자신이 남들처럼 섹스를 필요로 한다고 생각하고 싶어 하지 않는다. 그래서 종종 자신의 배우자가 섹스를 거부하도록 교묘하게 상황을 유도한다. 혹은 섹스로부터 아예 자신을 단절시켜버린다.

동성의 부모가 만드는 마음의 상처

거부의 상처는 같은 성별의 부모 때문에 만들어진다. 여성이라면 엄마에게, 남성이라면 아버지에게 거부당하고 그로 인해 상처받는 것이다. 만일 당신에게 '거부당한 사람'의 특징이 한 가지라도 있다면 당신 역시 어머니나 아버지에게 거부당하고 상처를 받았을 것이다. 고통스러운 상처를 다시 들쑤시는 사람이 다름 아닌 우리 엄마 혹은 아빠라니! 그들을 용서할 수 없어 원망하고 때로 증오심까지 갖는 건 너무나 당연하다. 사람이라면 누구나 그럴 수밖에 없을 것이다.

동성의 부모는 남을 사랑하고 자신을 사랑하는 법,
그리고 타인을 사랑하는 법을 가르쳐주어야 한다.
이성의 부모는 사랑받는 법,
그리고 사랑을 받아들이는 법을 알려주어야 한다.

자신을 거부하고 상처 입힌 부모를 받아들이지 못하는 것은 당연하다. '나는 절대 그렇게 살지 않을 거야!'라고 결심하지만 그렇기에 더더욱 같은 성별인 자신을 받아들이고 사랑하기 어려워진다.

워크숍에 참가한 남성 G는 아버지만 만나면 스스로 쓸모없는 인간처럼 느껴진다고 했다.

"아버지가 말만 하면 턱 하고 숨이 막혀요. 온몸이 짓눌리는 것 같아서 그저 도망치고 싶을 뿐이죠. 어떻게 하면 좋을지 모르겠어요. 아버지와 함께 있으면 그 사실만으로도 가슴이 답답해서 터질

지경이에요."

여성 M은 열여섯 살 되던 해부터 자기한테 엄마는 없는 거나 마찬가지라고 했다. 엄마가 사춘기 딸 앞에서 다음과 같이 말했기 때문이다.

"어디로든 사라지고 싶어. 아니 당장 죽어버리고 싶어. 그게 차라리 행복할 거야."

그녀는 엄마에게서 벗어나기 위해 그날 이후 심리적, 신체적으로 엄마와 완전히 멀어졌다. 이처럼 거부당했다고 느끼는 아이에게 '도망가도록' 부추기는 사람 역시 동성의 부모다. 다음과 같은 상황은 흔하게 벌어진다.

부모가 자신을 거부한다고 느낀 아이가 용기를 내서 집을 나가겠다고 말한다. 그러면 부모는 이렇게 답한다.

"잘 생각했어. 그럼 우리 서로 좀 더 자유로워질 수 있을 거야."

그 말을 들은 아이는 더 심하게 거부당했다고 느끼고 부모를 원망하게 된다. 이런 상황은 부모 또한 '거부당한 상처'에 머물러 있기 때문에 벌어진다. 자식에게 '도피'를 권하는 이유도 그것이 부모 자신에게 익숙한 방법이기 때문이다. 물론 이런 사실을 명확히 의식하지는 못하지만 말이다.

2

'도피하는 사람'의
언어

숨기 좋은 방을 찾는 사람들

'도피하는 사람'은 '의미가 없다'는 말을 자주 한다. 예를 들어 "요즘 부부관계는 원만해?"라든지 "그 상사하고는 잘 지내?"라고 물으면 보통은 "그럭저럭."이라거나 "별로야."라고 하지만, 그들은 "그런 게 무슨 의미가 있어?"라는 식으로 대답한다. '도피하는 사람'은 자기 자신이나 남들에 관해 이야기할 때 '의미 없다', '어쩔 수 없다', '되는 일이 없다'는 말을 수시로 쓴다. 혹은 '사라진다', '없어져버린다'는 말도 많이 한다. 예를 들면 다음과 같은 식이다.

- "상사가 넌 정말 구제불능이라고 했어요. 그래서 회사를 때려치웠죠."
- "우리 엄마는 정말 뭐 하나 제대로 하는 게 없어요."
- "아버지는 엄마한테 정말 쓸모없는 인간이었죠. 지금 제 남편이 딱 저

한테 그런 것처럼요. 엄마가 집을 나간 걸 비난할 생각은 전혀 없어요. 저라도 그랬을 거예요."

- "저도 제 자신이 무능하다는 걸 잘 알아요. 당연히 아무도 제게 관심이 없겠죠."

- "난 되는 일이 없어서 뭘 해도 잘 풀리지 않아요. 이렇게 살아서 무슨 소용이 있겠어요?"

- "하고 싶은 대로 하세요. 전 상관없어요."

- "아빠가 내 앞에서 엄마한테 지독한 욕을 해댔죠. 난 정말 그 자리에서 사라지고 싶었어요."

- "부모님이 제발 어디로든 사라져버렸으면 좋겠어요."

'도피하는 사람'은 혼자 있기를 원한다. 남들이 자신에게 조금이라도 관심을 보일라치면 어찌할 바를 모른다. 스스로를 거추장스러운 존재로 여기는 듯하다. 누구와 함께 있든, 심지어 가족과 있더라도 가능한 한 눈에 띄지 않으려 한다. 싫은 일을 당해도 반항할 권리가 없으니 참는 수밖에 없다고 생각하는 것이다.

예를 들자면 이런 식이다. 한 여자아이가 엄마에게 숙제를 도와달라 했더니 엄마는 이렇게 말한다.

"엄마 지금 바쁜 거 안 보여? 아빠한테나 봐달라고 해. 네 아빠 좀 봐라. 하루 종일 빈둥대고 있잖니."

이 말을 들은 아이는 바로 이렇게 생각한다.

'내가 귀엽지 않아서 그래. 그러니까 엄마가 날 도와주지 않는 거야. 틀림없어.'

그리고 아이는 혼자 있을 곳을 찾아 그곳에 틀어박힌다.

'도피하는 사람'은 보통 학교에서도 사회에 나가서도 친구가 많지 않다. 혼자 있는 것을 좋아하는 것처럼 보이므로 주변 사람들도 쉽게 다가오지 못한다. 그리고 고립될수록 존재감은 약해진다. 그렇게 악순환이 시작된다. 즉 거부당했다고 느끼면 가면을 쓰고 도망가지만, 그럴수록 존재감이 흐려져 인간관계가 끊어져버린다. 그 결과 더 고독해지고 그래서 또다시 거부당했다고 느끼는 것이다.

워크숍을 마칠 때면 늘 다 같이 모여 감상을 발표하는데 그때서야 처음 눈에 띄는 사람이 종종 있다. '도대체 이 사람은 그동안 어디에 있었던 거야?' 하고 생각하는 순간 그가 '도피하는 사람'의 몸을 가졌다는 사실을 알아차린다. 워크숍 기간 내내 그는 어떤 질문도 의견도 말하지 않고 다른 사람 뒤에 숨은 듯이 앉아 있었던 것이다. 그에게 "참가하신지 전혀 몰랐어요."라고 말하면 그는 그럴 줄 알았다는 듯 "괜찮아요. 남들이 관심 가질 만한 이야기도 없는데요, 뭐. 전 별로 할 말이 없었어요."라고 답을 한다.

실제로 '도피하는 사람'은 말수가 적고 과묵하다. 먼저 적극적으로 이야기할 때는 자기 존재를 증명할 때뿐이다. 그럴 때는 자칫 거만하게 비치기도 한다.

안전지대에 머물려는 습성

'도피하는 사람'은 상처로 괴로울 때 자기만의 세계에 틀어박힌다. 거기서는 거부당할 일이 없으니 고통받지 않으리라고 확신하는 것이다. 그래서 어떤 모임이든 적극적으로 참여하지 않고 가능한 한 눈에 띄지 않으려고 애쓰며 자기만의 세계로 달아난다. 그들이 자주 '유체이탈'의 상태에 빠지는 이유이다. 문제는 그런 상황을 자연스럽게 여기고 남들도 마찬가지라고 믿는 것이다.

그들의 생각은 논리정연하지 못하고 관성이 떨어진다. "정신 좀 똑바로 차리자!"라고 스스로 다짐하더라도 몸도 마음도 분열된 것 같은 느낌이 사라지지 않는다. 특히 짝이 맞지 않는 조각들을 억지로 모아놓은 듯한 신체적 특징을 가진 사람은 그런 느낌을 더욱 강하게 받는다. 이러한 특징을 가진 사람들은 종종 다음과 같이 털어놓았다.

"나만 딴 세상에 있는 기분이 들어요.

몸은 분명히 사람들과 함께 있는데
그곳에 제가 없는 것 같아요.”

어떤 사람은 날카로운 줄이 자기 허리를 묶고 있어서 상반신과
하반신이 단절된 것 같다고 했다. 워크숍에서 만난 L은 그 줄이 가
슴 바로 밑을 지나가서 “정확히 가슴 아래부터 몸이 잘려나간 기분
이에요.”라고 말했다. 그녀는 워크숍에서 ‘내려놓는 법’을 배운 뒤
에야 자신의 몸이 다시 연결되는 일체감을 느꼈고 그 낯선 감각에
상당히 놀라는 눈치였다. L은 평생 ‘땅 위에 발을 붙이고 산다’는 것
이 어떤 느낌인지 전혀 알지 못했음을 그제야 깨달았다.

워크숍에 참가한 ‘도피하는 사람’의 특징을 가진 여성들은 대개
의자 위에서 양반다리를 하고 앉는다. 아마 할 수 있다면 마루 위
에서 그렇게 앉고 싶었을 것이다. 양반다리를 하면 땅에 발을 붙이
지 않아도 되니 더 쉽게 ‘도망칠 수 있다’고 느끼기 때문이다.

‘도피하는 사람’이 돈과 시간을 들여 워크숍에 참석했다는 것은,
자신의 일부만이라도 이 세상에 존재한다는 걸 느끼고 싶다는 뜻
이다. 그런 이들에게 나는 선택권은 자신에게 있다는 사실을 몇 번
이고 강조한다.

자기만의 세계로 파고들어가 현실을 등한시한 채 홀로 살든지,
아니면 지금 이 순간부터 제대로 땅에 발을 붙이고 눈앞에서 일어

나는 일에 맞부딪치든지. 그건 다른 누구도 아닌 우리 자신이 선택하는 것이라고 말이다.

거부의 상처는 또 다른 거부를 끌어당긴다

앞서 설명했듯이 '도피하는 사람'은 동성의 부모에게 환영받지 못했다고 느낀다. 실제로는 아닐 수 있지만 어쨌든 본인은 그렇게 느낀다. 그리고 아이러니하게도 그들은 상처가 없는 다른 형제자매에 비해 실제로 거부당하는 경험을 더 많이 '끌어당긴다'.

'거부'의 상처를 입은 사람은 동성의 부모를 비롯한 주변의 동성들에게 끊임없이 사랑을 갈구한다. 그들에게 사랑받지 못하면 제대로 된 인간이라고 느끼지 못하기 때문이다. 동성 부모의 말에 민감하게 반응한 나머지 사소한 꾸중마저 거부의 신호로 여겨 원망하고 때로는 증오하기까지 한다. 사랑받고 싶은 만큼 미움도 깊어지는 것이다.

미움은 간절히 원하던 사랑을 얻지 못했을 때 생기는 감정이다. '거부'의 상처는 생각보다 훨씬 더 깊은 상흔을 남긴다. 어쩌나 거대한 아픔인지, 다섯 가지 가면 중 '도피하는 사람'이 느끼는 증오가 가장 강렬할 정도다. 부모에 대한 짙은 애정이 한순간 극심한 미움으로 바뀌는 것이다. '도피하는 사람'이 삶에서 느끼는 고통이 얼마나 심각한지를 알 수 있다.

이들은 이성의 부모에게는 무척 조심스럽게 행동한다. 자신의 행동이 그들을 거부한 것으로 비치지 않게 각별히 주의한다. "너도 다른 사람을 거부했잖아!"라는 비난이 두렵기 때문이다.

동성의 부모는 정반대다. 자신이 거부당했다고 느끼지 않도록 동성의 부모가 신경 써야 한다고 믿는다. '도피하는 사람'은 본인의 고통을 모두 동성 부모의 탓으로 돌리는 데 익숙하다. 자신의 상처로 말미암은 고통임을 인정하려 들지 않는 것이다.

영혼에 새겨진 상처는 능동적인 치유를 위해 특정한 유형의 부모와 상황을 끌어당긴다는 사실을 깨달아야 한다. 설사 실제로 부모가 당신을 거부했다고 해도, 상처가 다른 사람의 탓이라고 생각하는 한 그 상처는 절대 아물지 않는다.

부모와의 관계는 다른 인간관계에도 그대로 반영된다. 즉 동성에게는 쉽게 거부당했다고 느끼는 반면, 이성과의 관계에서는 본인이 거부할까 봐 두려워한다. 그리고 그 두려움은 오히려 이성을 거부하는 쪽으로 마음의 추를 기울인다.

어떤 상황을 두려워하면 할수록
현실에서 일어나기 쉬워지는 법이다.

거부의 상처가 깊을수록 우리는 스스로를 거부하고
남에게 거부당하는 상황을 끌어들인다.

자아는 모든 수단을 활용해 상처를 깨닫지 못하게 하도록 애쓴다. 상처로 인한 고통이 되풀이될까 봐 두려운 나머지 '내가 스스로를 거부했기 때문'에 남에게 거부당한다는 사실을 인정하려 들지 않는다. 우리를 거부한 타인들은 단지 그 사실을 깨닫게 해주려 존재할 뿐이다.

쓸모없는 사람이라 자책하는 완벽주의자

'도피하는 사람'은 늘 자신보다 뛰어난 사람과 비교하면서 자기는 남보다 뒤떨어진다고 느낀다. 그들은 결코 '이런 부분은 내가더 낫다'고 생각하지 못한다. 그래서 누군가 자신을 친구나 배우자로서 진심으로 사랑해준다 해도 결코 믿지 않는다. 한 여성은 딸아이가 "난 엄마가 세상에서 제일 좋아." 하는 말을 듣고는 이런 자신을 어떻게 사랑할 수 있는지 도통 이해할 수 없었다고 털어놓기도 했다.

'도피하는 사람'은 늘 모순된 감정 속에서 살아간다. 누군가 자신을 선택해주면 그 사실을 믿을 수 없어 스스로를 거부하고 상황을 엉망으로 만들어버린다. 또 선택받지 못하면 거부당했다고 느낀다. 아버지가 다른 형제들을 먼저 챙기는 바람에 자신은 늘 뒷전이었다고 고백한 남성이 있다. 그는 다른 형제들이 더 뛰어났으므로 그다지 놀라운 일은 아니라고 했다. 형제들에 비해 뒤떨어진다는 잘못된 믿음과 그 믿음이 끌어들인 거부의 상처로 악순환에 빠진 것이다.

이런 사람들은 자신의 말과 행동이 별 쓸모가 없다고 생각하므로 누군가 관심을 보이면 오히려 걱정하기 시작한다. 관심이나 공간을 많이 차지하면 남들에게 폐를 끼치게 되고 또다시 거부당할 것이라고 믿기 때문이다. 그들은 상처가 치유되지 않는 한 되도록 그곳에 존재하지 않으려 애쓰며, 누가 물어보기 전에는 자신의 의견을 거의 말하지 않는다. 섣불리 말했다가 상대를 언짢게 해서 거부당할까 봐 두렵기 때문이다.

'도피하는 사람'은 말하는 도중에 누군가 끼어들면 자신이 하찮기 때문이라고 생각하고 입을 다물어버린다. 또 상대가 바쁘면 필요한 게 있어도 요구하지 못한다. 상대방을 번거롭게 할 만큼 자신의 부탁이 중요하다고 생각할 수 없어서다. 그러나 상처가 없는 사람은 같은 상황에서 본인이 아니라 자신의 이야기나 부탁에 경중의 초점을 둔다.

많은 여성들이 사춘기가 된 이후로는 엄마에게 속을 털어놓을 수 없었다고 말했다. 이해받지 못할까 봐 두려웠기 때문이다. 그들에게 이해받는다는 것은 곧 사랑받는 것이다. 하지만 이해받지 못해도 사랑받을 수는 있다.

사랑한다는 것은
'이해할 수 없어도 받아들이는 것'이기 때문이다.

하지만 '도피하는 사람'의 가면을 쓴 여성의 경우 잘못된 믿음 때문에 비단 엄마뿐 아니라 다른 여성에게도 자기 생각을 제대로 말하지 못한다. 만일 남성이라면 아버지나 다른 남성들에게 자기 생각을 표현하지 못하게 된다.

'도피하는 사람'의 또 다른 특징은 매사에 완벽을 추구한다는 점이다. 조금이라도 실수하면 비난받을 것이라고 여기기 때문이다. 이들에게 비난은 곧 거부를 의미한다. 자신이 불완전하다고 믿기에 더더욱 모든 일에 완벽하려고 애쓴다.

불행하게도 그들은 '존재'와 '행위'를 혼동한다.

즉 행위가 완벽하지 않다고 해서 그들의 존재까지 불완전한 것은 아님을 깨닫지 못한다. 완벽에 대한 그들의 바람은 거의 강박적인 수준이다. 모든 일에 완벽을 추구하므로 필요 이상으로 시간이 들 수밖에 없고 그 때문에 다시 남에게 거부당하는 상황이 벌어지는 것이다.

가장 두려운 일, 패닉

'도피하는 사람'이 가장 두려워하는 것은 '패닉'에 빠지는 일이다. 그럴 기미가 보이면 즉시 도망치거나 숨는다. 패닉에 빠지면 그 자리에 굳어버린다는 걸 알고 있기 때문이다. 그러나 도망친다면 재앙을 면할 수 있을 거라고 믿는다. 또 패닉을 제대로 처리하지 못할까 봐 걱정한 나머지, 실제로 그런 일이 없음에도 불구하고 반드시 패닉에 빠지리라는 믿음을 강화한다. 사라지고 싶은 그들의 욕구는 거의 본능적이다.

우리가 자신이 두려워하는 상황이나 사람을 스스로 끌어당기듯이 '도피하는 사람'은 패닉에 빠질 법한 상황과 사람을 끊임없이 끌어당긴다. 그들의 공포는 상황을 더욱 극적으로 만들어 도망쳐야 할 정당한 이유를 찾아낸다.

'도피하는 사람'은 동성의 부모 혹은 동성의 타인 — 특히 부모를 떠올리게 만드는 사람 — 앞에서 더 자주 패닉에 빠지거나 굳어 버린다. 반면 이성의 부모나 이성의 타인에게는 그런 공포를 느끼지 않고 편안히 대한다. 그들은 '패닉'이라는 말을 자주 사용하는데, 예를 들어 "금연할 생각만 해도 '멘붕(패닉)'에 빠질 것 같아요."라는 식이다. 거부로 인한 상처가 없다면 그저 "담배 끊는 게 정말 쉬운 일이 아니네요."라고 말할 것이다.

내면에 도사린 패닉에 대한 공포는 '도피하는 사람'의 기억마저 지운다. 본인은 암기력의 문제라고 생각하지만 사실은 두려움 때문이다. 강사 양성을 위한 연수에서 종종 '도피하는 사람'들이 기억을 잃는 상황을 목격한다. 사전에 충분히 준비하고 내용을 완벽하게 암기했어도 막상 사람들 앞에 서면 그만 머릿속이 하얗게 변해서 아무것도 떠올릴 수 없는 것이다. 심지어 넋이 나간 듯 몸만 덩그러니 남아 있는 사람도 있다. 다행스럽게도 이런 종류의 문제는 거부의 상처가 치유되면 저절로 해결된다.

지금까지 살펴본 '도피하는 사람'의 특성은 또다시 상처 입지 않을까 하는 두려움이 낳은 결과다. 몇몇 특성을 스스로에게서 찾아볼 수 있겠지만, 모든 경우가 해당되지는 않을 것이다. 한 사람이 모든 행동양식과 태도를 보일 수는 없기 때문이다.

각 상처는 특유의 심리 상태와 행동을 유발한다. 어떻게 느끼고 생각하며 무슨 말을 하고 행동하는지, 모든 것이 특정한 경험에 대한 '반응'을 나타낸다. '반응'하는 사람은 중심이 똑바로 서 있지 않고 있는 그대로의 자신을 표현하지 못하므로 행복해질 수 없다. 그러므로 자신이 '반응'하는 순간과 스스로를 되찾는 순간을 깨달아야 한다. 그 차이를 깨우친다면 두려움에 휘둘리지 않고 인생의 주인이 되어 살아갈 수 있다.

3
'도피하는 사람'의
신체적 특징

하찮게 보이지 않으려는 몸부림

'거부의 상처'를 지닌 사람은 두려움 때문에 명확하게 자신의 요구와 의견을 말하지 못한다. 그들이 느끼는 두려움은 대개 다음과 같은 것이다.

내 이야기가 재미없으면 어떻게 하지?

하찮거나 쓸모없는 사람이라고 생각하지 않을까?

내 말을 이해하지 못하면 어쩌나.

패닉에 빠지면 큰일인데……

의무감이나 예의상 듣고 있는 것은 아닐까?

'도피하는 사람'은 스스로를 구제불능에 쓸모없는 존재라고 생각한다. 그래서 오히려 무슨 일이든 완벽하게 해냄으로써 누가 보아도 가치 있는 인간이 되고자 애쓴다. 만일 이런 불안이나 두려움을 평소 자주 느끼는 편이라면 '거부의 상처'를 지니고 있을 확률이 높다. '거부의 상처'를 지니고 '도피하는 사람'들의 신체적 특징을 살펴보고 자신 혹은 주변 사람들의 모습을 관찰해보자.

'도피하는 사람'의 몸

이 가면을 쓴 사람은 한눈에 알아볼 수 있다. 몸 전체 혹은 일부가 당장이라도 도망치고 싶은 것처럼 보이기 때문이다. 즉 달아나기 쉽게 아니면 적어도 남들 눈에 띄지 않도록 몸이 깡마르고 심하게 오그라들어 있다. 평생 어디에도 정착하지 않고 떠도는 도망자처럼 이들도 될 수 있으면 공간을 차지하지 않으려고 애쓴다.

만일 피골이 상접할 정도로 말랐다면 거부의 상처가 심각하다고 봐야 한다. '도피하는 사람'은 자신이 이 세상에 존재해도 괜찮을지 확신하지 못한다. 그래서 몸이 늘 불안정하고 흐트러져 있으며 신체의 균형이 완벽하게 잡힌 사람은 극히 드물다. 그럼 그들의 몸에서 드러나는 특징들을 살펴보자.

'도피하는 사람'은 엉덩이와 가슴이 한 쪽만 유난히 크거나 등이

나 복부가 움푹 들어가 있다. 몸집에 비해 발목도 지나치게 가늘다. 나사라도 빠진 것처럼 몸통과 팔다리가 따로따로 노는 느낌이며 얼굴과 몸통은 좌우 균형이 맞지 않아 전체적으로 비뚤어 보인다. 상반신과 하반신도 단단하게 연결된 느낌이 없어서 마치 한 몸이 아닌 것 같다.

또한 늘 자기 안에 틀어박혀 있으므로 몸 전체가 오그라들어 있다. 어깨는 앞으로 굽었고 두 팔은 몸에 딱 들러붙어 어릴 때 발육에 문제가 있었거나 몸 한 구석이 막힌 것처럼 보인다. 신체의 일부는 다른 곳보다 덜 자라서 아이의 몸속에 어른이 억지로 비집고 들어간 것처럼 답답하게 느껴진다. 누군가 심하게 몸이 비뚤어졌다면 거부의 상처 때문에 고통받고 있다는 사실을 짐작할 수 있다.

'도피하는 사람'의 얼굴과 눈은 작은 편이다. 검고 텅 빈 눈동자는 마치 어두운 구멍 같다. 그들은 곧잘 상상의 세계로 도피하기 때문에 툭하면 넋을 잃고 멍해지기 일쑤다. 어떤 이는 하루 종일 그 상태에 빠져 있지만 또 다른 이는 아주 잠깐 동안만 그렇다. 시간은 중요하지 않다. 가면은 고통에서 벗어나기 위한 수단이다. 그저 가면을 써서 눈앞의 상황에서 도망치려는 것이다.

이런 특징이 얼마나 보이느냐에 따라 상처의 정도나 가면을 쓰는 시간이 달라진다. 어떤 이의 몸이 50퍼센트 정도의 특징을 갖추었다면 그는 하루 중 절반 정도를 가면을 쓴 채 보낼 것이다. 살은 쪘지만 얼굴과 눈이 작거나 발목이 지나치게 가는 사람이 그런 경우다. 몸의 일부에만 '도피하는 사람'의 특징이 나타난다면 상처는 그다지 깊지 않다.

'도피하는 사람'의 식습관

마음의 상처는 식습관에도 영향을 미친다. '감정적 몸'과 '정신적 몸'을 키우는 것과 마찬가지 방법으로 인간은 '육체적 몸'을 키우기 때문이다. '도피하는 사람'은 기본적으로 별로 많이 먹지 않는다. 특히 불안과 두려움에 사로잡히면 식욕이 사라진다. 다섯 가지 상처 유형 중 '도피하는 사람'이 가장 식욕 부진에 빠지기 쉽다. 실제로는 상당히 말랐음에도 자신이 뚱뚱하다고 생각해서 아무것도 입에 넣지 못하기도 한다. 때로는 폭식을 하는데 음식으로 불안이나 두려움을 해소하려는 것이다. 하지만 대개는 음식보다 알코올이나 약물에 의존한다. 불안이 심할 때는 단것을 먹는다. 불안과 공포로 빼앗긴 에너지를 단것으로 보충할 수 있다고 믿는 것이다. 하지만 임시방편에 불과하므로 점점 더 많은 당분을 필요로 하게 된다.

'도피하는 사람'이 가진 몸의 상처

마음에 상처를 껴안고 있으면 자기답게 살아갈 수 없다. 방치된 상처는 우리의 몸과 마음의 흐름을 막고 결국 병을 만든다. 다섯 가지 상처를 입은 사람들은 각각의 마음 상태에 따라 특정한 질병에 취약하다. '도피하는 사람'이 걸리기 쉬운 병을 살펴보자.

- **피부병**: '도피하는 사람'은 피부에 자주 문제가 생기는데 이는 타인의 접촉을 방어하려는 마음에서 비롯된 것이다. 피부는 남과 접촉할 수 있는 주된 신체 부위이며, 상태에 따라 타인을 끌어당기거나 멀어지게 할 수 있다. 피부병은 아무도 자신을 만지지 않기를 바라는 마음이 무의식적으로 신체 표면에 드러난 것이다. 그들은 종종 "누가 제 몸을 만지면 억지로 질질 끌려나오는 느낌이에요."라고 말한다.
- **설사**: '도피하는 사람'은 자기 자신을 받아들이기를 거부하고 스스로에게 도움이 되는 상황마저 빠르게 거부하는데, 몸 또한 미처 흡수하기도 전에 음식 영양분을 거부하므로 자주 설사를 한다.
- **부정맥(不整脈)**: 어떤 이들은 심장이 불규칙적으로 뛰는 부정맥에 시달린다. 가끔 심장이 너무 빨리 뛰어서 입 밖으로 튀어나오지 않을까 걱정될 정도다. 괴로운 상황에서 벗어나기 위한 방법 중 하나다.
- **암**: 앞서 '도피하는 사람'은 어린 자신에게 상처를 준 동성의 부모를 미

워하는 것이 당연하다고 설명했다. 사실 그들은 부모만 원망하는 게 아니다. 부모를 원망한 자신도 용서하지 못한다. 또한 부모를 미워한다는 사실을 좀처럼 인정하려 들지 않는다. 이런 상태가 지속되면 암에 걸릴 수 있다. 암은 자신을 비난하고 괴로워하는 사람이 걸리기 쉽기 때문이다. 암은 내면의 아이*가 고통받는 것을 견디지 못하는 사람이 걸리는 병이다.

- **호흡기 질환**: '도피하는 사람'은 특히 패닉에 빠졌을 때 호흡기 계통의 기능에 문제가 일어나기 쉽다.

- **알레르기**: 각종 알레르기에 시달리는데 이는 특정한 종류의 음식물이나 물질에 대한 그들의 거부 반응을 나타내는 것이다.

- **구토**: 어떤 사람이나 상황을 거부하는 표시로 방금 먹은 음식을 토하기도 한다. 젊은 층들은 흔히 이렇게 말한다. "엄마(혹은 아빠) 생각만 하면 정말 토할 것 같아." 어떤 사람이나 상황을 '토해버리고' 싶은 바람을 이렇게 표현하는 것이다.

- **현기증과 기절**: 특정 상황이나 사람에게서 벗어나기 위해 현기증이 나거나 아예 기절해버리기도 한다. 더 심각한 경우 혼수상태에 빠지기도 한다.

---

* inner child, 태어난 그대로의 상태, 본연의 자신을 가리킨다. 주변 어른들의 자신과 같은 '상식적인 존재'가 되라는 강요와 억압 때문에 내면의 아이는 삶의 기쁨과 자발성, 자신을 표현하는 힘과 자존감을 잃어버린다.

- **광장공포증**: 흔히 시달리는 증상이다. 자신을 패닉으로 몰아넣을 법한 사람이나 상황에서 벗어나기 위해 이 행동 장애를 이용한다.

- **당뇨나 저혈당**: '도피하는 사람'이 단것을 너무 많이 먹으면 췌장 질환인 당뇨나 저혈당에 빠질 수 있다.

- **우울증이나 조울증**: 자신을 거부한 부모에 대한 증오심이 극에 달해 감정적으로나 정신적으로 한계에 부딪혔을 때, 우울증이나 조울증에 걸릴 수 있다. 만약 자살을 결심한다면 남에게 털어놓지 않고 그대로 실행할 가능성이 높다.

- **정신이상**: '도피하는 사람'은 어릴 적부터 자신이 누군지 혼란스럽기 때문에 아예 다른 사람이 되려고 한다. 그리고 선망하는 인물에 매몰되어 스스로를 잃는다. 예를 들어 한 소녀는 마돈나가 되고 싶어 그녀의 일거수일투족을 따라했지만 결국 불가능함을 깨닫고는 새로운 인물을 찾아내 같은 일을 되풀이했다. 이런 상황이 극단적인 지경까지 내몰리면 결국 정신이상을 일으킬 수 있다.

이와 같은 질병은 다른 상처를 입은 사람들도 걸릴 수 있지만 주로 '거부의 상처'로 인해 괴로워하는 사람들에게서 많이 발견된다.

마음의 상처가 치유되지 못하는 가장 큰 원인은 남에게 또는 자신에게 한 행동을 스스로 용서하지 못하기 때문이다. 어쩌면 당신은 자신을 탓하고 있다는 사실조차 깨닫지 못할 수 있다.

'거부'의 상처는 자신과 타인, 그리고 상황과 목표를 강하게 거부하고 있음을 의미한다. 우리는 자신이 저지른 일을 남의 탓으로 돌리면서도 그 사실을 깨닫지 못한다. 바로 그 이유 때문에 이를 깨우쳐줄 사람을 곁으로 끌어당기는 것이다.

이들은 주변인에게 거부당하는 자신을 수치스럽게 여긴다. 그리고 이 고통에서 벗어나기 위해 가면을 쓰고 도망간다. 어떤 이는 일주일에 몇 분 정도 아주 짧은 시간만 가면을 쓰지만 어떤 이는 영원히 자신의 가면 속에 갇혀버린다.

이 글을 읽고 부디 '거부의 상처'를 지닌 사람들이 자신의 상처를 깨닫기 바란다. 만일 당신이 상처로 인해 '도피하는 사람'이 되었다면 책의 마지막 장을 꼭 읽어보자. 상처를 치유하고 진정한 자신을 회복할 수 있는 최선의 방법이 소개되어 있다.

만일 "나는 그런 상처 따위 없는데?"라고 생각하더라도 그대로 지나치지 말고 당신에게 '도피하는 사람'의 특성이 없는지 주변 사람에게 물어 확인하자. 상처가 아주 미세하다면 그 사실을 깨닫기 어려울 수 있다. 그럴 때는 '도피하는 사람'의 신체적 특성을 다시 한번 주의 깊게 읽어보기 바란다. 우리 몸은 결코 거짓말을 하지 않기 때문이다.

'버림받음',
혼자라는 ──
극단적 공포

1

'의존하는 사람'의
가면을 쓴 사람들

홀로 남겨진 자의 고통

'버리다'는 상대방을 혼자 내버려둔 채 보살피지 않고 떠나버리는 행위다. 앞 장에서 살펴본 '거부하다'와는 분명히 다르다. 부부 사이를 예를 들어보자. 아내가 남편을 '거부한다'면 함께 살면서 식사나 세탁은 해주지만 곁에 오지는 못하게 한다. 반면 '버리기'로 결심했다면 어느 날 이혼 서류만 남긴 채 집을 나가버릴 것이다.

'버림받음'은 '거부'에 이어 두 번째로 고통스러운 상처다. 나머지 세 가지 상처는 '소유'와 '행위' 차원이지만 '거부'와 '버림받음'의 상처는 우리의 '존재'와 직결되기 때문이다. 그럼, 어떤 상황에서 '버림받은 상처'를 깨닫게 될까? 어린아이의 예를 통해 확인해보자.

- 동생이 태어나서 엄마가 온통 아기에게만 신경 쓸 때. 특히 갓난아기가 아프거나 장애가 있어서 손이 많이 간다면 아이는 더 심하게 '버림받았다'고 느낀다. 엄마가 동생을 보살필 때마다 거듭 상처받는 것이다. 결국 "엄마는 동생만 사랑해! 난 버림받은 거야!", "엄마는 이제 전처럼 날 예뻐해주지 않을 거야." 하고 엄청난 상실감에 빠진다.

- 부모가 늦게까지 일하느라 아이와 시간을 보내지 못할 때. 조금이라도 더 나은 환경에서 키우고 싶은 욕심에 부모는 밤낮으로 일하지만 그럴수록 아이는 버림받았다고 느낀다.

- 아이가 병원에 입원한 경우. 아직 어려서 아이는 자기에게 무슨 일이 생겼는지 정확히 이해하지 못한다. 엄마가 볼일 때문에 잠시 자리를 비우면 병실에 홀로 남은 아이는 버려졌다고 느낀다. 특히 평소에 말을 잘 듣지 않거나 말썽을 부려서 스스로도 착한 아이가 아니라고 생각했다면 더욱 버림받았다는 느낌이 강할 것이다. "내가 말을 안 들어서 엄마 아빠가 날 버렸구나!" 얼마 지나지 않아 엄마가 돌아와 곁을 지켜도 한 번 각인된 감정은 지워지지 않는다. 아이는 괴로움을 견디기 위해 가면을 만들어 쓴다. 가면만 쓰면 두 번 다시 그런 괴로움을 겪지 않을 것이라 여긴다.

- 부모가 휴가를 떠나느라 아이를 남에게 맡겼을 때. 익숙한 외할머니 집이라고 해도 아이는 버림받았다고 느낄 수 있다.

- 병약한 엄마가 아이를 제대로 돌보지 못하고 아빠까지 일이 바빠 아이

에게 신경 쓰지 못할 때. 혼자서 모든 일을 알아서 해야 하는 아이는 부모에게 버림받았다고 느낀다.

내가 아는 여성 E는 열여덟이 되던 해 아버지를 여읜 것이 결정적인 '버림받음의 경험'이자 상처였다. 당시 그녀는 엄청난 충격을 받고 극도의 불안에 사로잡혔는데, 평소 어머니로부터 "스무 살이 되면 독립하는 거야. 알았지?"라는 다짐을 계속해서 들어왔기 때문이었다. 엄마가 자신을 거부한다고 느꼈으므로 "아빠마저 안 계시면 날 돌봐줄 사람은 아무도 없어."라는 불안에 시달린 것이다.

이성의 부모 vs. 동성의 부모

'버림받음'의 상처를 지닌 사람들은 대부분 어린 시절 이성의 부모와 제대로 대화를 나눈 기억이 없다고 털어놓았다. 이성의 부모가 지나치게 내향적이어서 마음의 문을 열지 않았다거나, 자신을 동성의 부모에게만 맡긴 채 신경 쓰지 않았다고 원망했다. 이성의 부모가 자신에게 관심이 없었다고 믿는 것이다.

'버림받음'의 상처는
이성 부모와의 사이에서 만들어진다.

그런데 버림받은 상처로 괴로워하는 사람은 거부의 상처까지
껴안고 있는 경우가 많다. 어릴 때부터 동성의 부모에게 거부당했
는데, 그 와중에 자신을 보호해야 했을 이성의 부모까지 자신을 버
렸다 여기는 것이다.

또 이들은 '버림받았다'고 생각하지만 실제로는 '거부'의 상처를
입은 경우가 많다. 놀랍게도 그들의 부모 역시 스스로를 거부하
는 사람이라 동성의 아이까지 거부하기 때문이다. 즉 엄마는 딸
을, 아버지는 아들을 거부한다. 어떻게 보면 너무나 당연한 현상
이다. 부모 입장에서는 아이를 볼 때마다 자신의 괴로운 경험이 떠
오를 테니 말이다. 앞서 아버지를 여읜 여성은 엄마에게는 '거부'
당하고 아버지에게는 '버림받은' 상처를 껴안은 사람의 전형적인
예라고 할 수 있다.

희생자 '코스프레'

다섯 가지 상처 중 '의존하는 사람'이라는 상처를 가진 사람은 가

장 '희생자'가 되기 쉬운 타입이다. 부모 중 적어도 한쪽, 혹은 양친 모두 희생자였을 가능성이 크다. '희생자'란 인생에서 온갖 종류의 곤란한 상황을 끌어당기는 사람이다. '의존하는 사람'은 특히 건강 상의 문제를 일으켜 남의 관심을 끌려고 한다. 이런 희생자 역할 놀이는 충분한 관심을 받지 못한다고 느끼는 '의존하는 사람'이 자신의 욕구를 충족시키기 위한 고도의 전략이다. 그들은 다양한 방법으로 타인의 관심을 끌려고 애쓴다. 남들에게 보살핌을 받을 만큼 중요한 존재라는 것을 확인하고 싶기 때문이다.

'의존하는 사람'은 타인에게 관심받지 못하면 의지할 수도 없다고 믿는다. 이는 아주 어렸을 때부터 몸에 밴 사고방식이다. 그러므로 늘 문제를 일으킨다. 남들은 그냥 넘길 법한 일도 그들에게만 가면 엄청난 사건 사고로 확대된다. 예를 들어 '의존하는 사람'인 여성은 남편이 어쩌다 전화도 없이 늦게까지 돌아오지 않으면 신변에 무슨 일이 생긴 건 아닐까 걱정하기 시작한다. "기다리는 사람 생각해서 문자라도 좀 주지!" 하고 남편을 원망하며 괴로워하는 것이다.

보고 있으면 어쩌면 저렇게 지치지도 않고 문제를 만들어낼 수 있을까 신기할 정도다. 하지만 그들은 자신이 처한 상황을 그다지 힘들어하지 않는다. 무의식중에 오히려 타인의 관심을 끌 수 있는 절호의 기회라 생각한다. 그들에게는 어떤 난관보다 '버림받는 것'이 가장 고통스럽기 때문이다. '의존하는 사람'의 이런 심리 상태를 진정으로 이해하는 건 또 다른 '의존하는 사람'밖에 없다. 일종의 동병상련인 셈이다. 하지만 희생자를 자처할수록 상처는 더 깊어진다.

구원자이자 조종자라는 불완전한 역할극

이들은 '구원자' 역할을 즐기기도 한다. 예를 들어 '의존하는 사람'은 기꺼이 형제자매를 부모처럼 보살피고, 사랑하는 사람이 곤란에 처하면 무슨 수를 써서라도 해결하려고 애쓴다. 하지만 이런 '구원자' 놀이도 결국은 남들의 관심을 끌기 위한 수단일 뿐이다. '의존하는 사람'이 남을 위해 애쓰는 가장 큰 이유는 칭찬받고 싶고 자신을 중요한 존재로 느끼고 싶어서다. 이들은 평소 심한 등 통증에 시달리는데, 남의 책임까지 등에 '짊어지고 있기' 때문이다.

'의존하는 사람'은 자칫 게으른 사람처럼 보일 수도 있다. 혼자서는 운동하거나 일하고 싶어 하지 않기 때문이다. 그들은 늘 곁에서 지지해줄 사람을 필요로 한다. 그리고 남을 위해 희생할 때는 보답으로 애정을 기대한다. 기분 좋게 남을 위해 일하고 원하는 대로 사랑을 받으면 그 상태가 영원히 지속되기를 바란다. 하지만 상황은 언젠가 끝나기 마련이고 그때마다 애석해한다.

"속상해! 벌써 끝나버렸네."

그리고 이때도 역시 버림받았다고 느낀다.

'의존하는 사람'은 감정 기복이 심하다. 모든 것이 잘 풀려서 행복의 절정에 있는가 싶으면 돌연 우울해져서 불행의 나락까지 떨어진다. 왜 그런지 이유는 분명하지 않다. 그러나 '의존하는 사람'의 내면을 차분히 들여다보면 홀로 남겨질까 봐 무서워한다는 사실을 알 수 있다.

'의존하는 사람'이 가장 바라는 것은 타인의 동의와 지지다. 결정을 내리기 전에 누군가 옆에서 "괜찮아, 그래도 돼."라고 한마디 해주기를 바란다. 자신의 결심을 지지해줄 사람이 필요한 것이다. '의존하는 사람'은 혼자는 아무것도 결정하지 못하는 것 같지만 사실은 곁에서 동의하고 지지해줄 사람만 있으면 아무리 어려운 결정이라도 스스로 내릴 수 있다. '의존하는 사람'은 늘 상대방이 자신을 도와주기를 기대한다. 물질적인 도움보다는 자신이 하는 일이나 원하는 바를 이해해주고 찬성해주기 바란다. 심리적으로 지지받을 때 사랑받는다고 느끼기 때문이다.

'의존하는 사람'은 타인의 지지를 원하면서도 이런 말을 한다. "정말 참을 수 없어!", "더 이상은 못 견디겠다고." 이런 표현은 비록 의식하지는 못할지라도 타인의 행동을 비난하는 말이다.

희생자를 연기하는 '의존하는 사람', 특히 여성은 어린애처럼 연약한 목소리로 이것저것 질문을 퍼붓는다. 특히 도움을 요청했을 때 거절당하면 견디지 못하고 집요하게 물고 늘어진다. '안 된다'는 말을 듣는 것이 견딜 수 없으므로 자신이 원하는 것을 어떻게든 손에 넣으려고 한다. 투정을 부리기도 하고 때로는 협박이나 으름장을 놓으면서 어떻게든 상대를 자기 마음대로 조종하려고 한다.

혼자서 해결하기 어려운 일이 생기면 종종 주변에 조언을 구하곤 하지만 결국에는 자기 뜻대로 해버린다. 진심으로 바란 것은 도움이 아니라 관심과 지지이기 때문이다.

'의존하는 사람'은 여럿이 함께 걸을 때 뒤에서 따라가기를 좋아한다. 앞서가는 이가 자신을 안내해주는 것 같아서 기쁘기 때문이다. 그들은 혼자서도 일을 척척 잘해내면 나중에는 아무도 관심을 주지 않을까 봐 두려워한다. 혼자 남겨지는 것이 가장 두렵기 때문에 무슨 수를 써서라도 그런 상황을 피하려 애쓴다.

최대의 공포, 어디에도 속하지 못하는 고독

그들이 가장 두려워하는 것은 '고독'이다. 그렇다. '고독'이야말로 '의존하는 사람'에게는 최대의 공포다. 그래서 타인에게 지나칠 정도로 매달리고 집착한다. 남의 관심을 끌 수만 있다면 무슨 일이든 할 태세다. 혼자 내쳐지지 않기 위해, 사랑받기 위해, 늘 상대방의 눈치를 살핀다. 외톨이가 되지 않기 위해서라면 어떤 힘든 일도 견뎌낸다. "혼자 남겨지면 어쩌지? 나 혼자 무얼 할 수 있겠어? 이제 난 어떻게 되는 걸까?" 하고 늘 두려워한다.

'의존하는 사람'의 내면은 갈등으로 가득 차 있다. 타인의 관심을 갈구하지만 한편으로는 너무 끈덕지게 매달렸다가 사람들이 정떨어졌다며 떠날까 봐 두렵기 때문이다.

가끔 '의존하는 사람'이 참고 견디는 상황들을 보면 이들이 고통을 즐기는 건 아닌지 의심될 정도다. 예를 들어 알코올 중독인 남편의 술주정에 시달리거나 심각한 가정 폭력 때문에 괴로워하면서도 벗어나지 못하는 여성들이 있다. 그들에게는 비참한 결혼 생활을 견디는 편이 남편과 헤어지는 것보다 덜 고통스러운 일이다. 실제 이런 여성들은 일종의 감성적인 희망 속에 사는 것처럼 보인다. 오래된 상처를 들추면 지독한 고통을 다시 겪어야 하기 때문에, 처음부터 문제에 눈을 감아버린다.

'의존하는 사람'은 부부 사이에 문제가 있다는 사실을 결코 인정하지 않는다. 배우자에게 버림받는 것이 두려워서 모든 것이 원만하게 잘되어가고 있다고 믿는다. 만일 남편이 집을 나가겠다고 말하면 충격에 휩싸여 무엇이 문제인지 살필 겨를도 없이 괴로워한다. 남편에게 그런 말을 들으리라고는 꿈에도 생각지 못했기 때문이다.

만일 당신이 지금 그런 상황에 처했다면 스스로 용기를 북돋아주자. 헤어지자는 남편에게 버림받을까 봐 울고불고 매달리며 온갖 눈치를 다 보고 있다면, 용기를 낼 수 있도록 스스로를 응원하고 지지해주는 것이다. 마음속으로 당신을 지지하고 응원해줄 누군가를 상상하는 것도 좋은 방법이다.

어떤 경우에라도 결코 자신을 포기해서는 안 된다. 세상에 누구 한 사람 내 편이 없는 것 같아 절망적이더라도 절대 체념하지 말자. 어떤 문제든 해결책은 존재하며 스스로를 응원하고 지지할 때 문제의 정체와 해결 방법은 반드시 찾을 수 있다.

2

떠나지 못하는
사람들

불현듯 차오르는 밀물 같은 슬픔

'의존하는 사람'은 '떠난다'는 말을 들으면 극도로 불안해한다. 그에게 '떠난다'는 곧 '버림받는다'는 뜻이기 때문이다. 예를 들어 상대방이 "이제 그만 헤어져야겠네요. 갈 시간이 되었습니다."라고 말하면 마음이 아프다. 멀리 있는 사람이 전화로 '떠난다'고 얘기해도 고통스럽다.

따라서 '의존하는 사람'과 이야기를 나누다가 헤어질 때가 되면 이유를 정확히 알려줘야 한다. 그냥 훌쩍 떠나버리면 그들은 너무나 괴로워할 것이다. 그때도 물론 '떠난다'는 직접적인 표현은 쓰지 않는 것이 좋다.

'의존하는 사람'은 버림받았다고 느끼면 자신을 가치 없는 존재라고 여긴다. 상대의 관심을 끌어두지 못했기 때문이다. 나는 상담 중에 시간을 확인하는 습관이 있는데, '의존하는 사람'과 함께 있을 때 그런 행동을 보이면 당장 안색이 변한다. 그들은 상대가 그 순간 자기와 있는 것보다 더 중요한 일을 하고 싶어 한다고 여기기 때문이다.

'의존하는 사람'은 어떤 장소를 떠나거나 상황을 벗어나는 것에도 서툴다. 앞으로 갈 곳이 더 좋더라도 지금 있는 장소를 떠나기 어려워한다. 예를 들어 어떤 사람이 앞으로 몇 주 동안 여행을 떠나게 되었다고 하자. 만일 그가 '의존하는 사람'이라면 가족과 일, 집을 뒤로하고 출발하기가 고통스러울 것이다. 하지만 막상 여행지에 도착해서 지내다가 다시 돌아올 때가 되면, 이번에는 즐겁게 다닌 관광지와 거기서 만난 사람들과 헤어지기 힘들어진다.

'의존하는 사람'이 가장 강하게 느끼는 감정은 '슬픔'이다. 마음속 깊은 곳에서부터 그 감정이 솟아오르는데 왜 그런지 이해할 수도 설명할 수도 없다. 그저 슬픔을 느끼지 않기 위해 늘 누군가와 함께 있고 싶을 뿐이다. 혹은 정반대로 행동하기도 한다. 즉 슬프고 외롭게 만드는 사람과 상황에서 도망치는 것이다. 그럴 때마다 이번에는 자신이 상대방을 버렸다는 사실을 깨닫지 못한다. 위기가 닥치면 발작적으로 자살까지 생각할 수 있다. 하지만 대개 말만 하거나 자살해버리겠다고 위협할 뿐, 진짜 자살까지 가는 경우는 드물다. 심정적으로 자신을 지지해주기만을 바라기 때문이다.

설사 행동으로 옮긴다 해도 대부분 미수로 끝난다. 하지만 비슷한 상황이 몇 차례나 반복되었는데 아무도 도와주지 않는다면 극단적인 선택을 할 수도 있다.

'의존하는 사람'은 모든 '권위'를 두려워한다. 권위적인 사람은 결코 자신을 지지해주지 않을 거라고 생각하기 때문이다. 그런 사람들은 냉정하고 주변 사람에게 무관심하다고 믿는다. 그래서 본인은 억지로라도 다정하고 따뜻하게 사람들을 대하려고 애쓴다. 그러면 상대방도 자신에게 다정하고 친절하게 행동할 것이라고 생각하기 때문이다.

함께하고 싶지만 도망가고 싶은 양면적 마음

'의존하는 사람'은 '없다', '외톨이' 같은 말을 자주 쓴다. 예를 들어 어릴 적 이야기를 하면서 "거의 외톨이로 지냈어." 혹은 "엄마(혹은 아빠)는 늘 옆에 없었지."라는 식으로 말한다. 이들은 혼자가 된다는 생각만 해도 불안해진다. 실제 외롭게 혼자 있을 때는 고통스러울 정도다. 외로움에 대한 불안이 클수록 고통도 심해진다. 누구든 좋으니 옆에 있어주면 좋겠다고 생각한다.

혼자 있으면 누구나 외롭다.

하지만 '의존하는 사람'처럼 고통을 느끼지는 않는다.

또 그들은 고립되었다고 느끼면 절박한 심정이 된다. 자신이 가장 원하는 것을 필요할 때 얻지 못할 것이라고 생각하기 때문이다. 너무 고통스러워서 그토록 원하던 사람이 다가와도 받아들이지 못하고 무의식중에 마음의 문을 완전히 닫아버린다. 그와 제대로 마주할 수 없을까 봐 두려워 하며 자신에 대한 관심과 애정을 오히려 부담스러워한다. 이런 행동은 본인의 행복을 스스로 방해하는 사람들에게서 흔히 볼 수 있다. 그들은 관계가 친밀해지면 바로 그 관계를 끝장낼 방법을 찾아낸다.

'의존하는 사람'은 툭 하면 우는데 특히 자신의 문제나 시련을 이야기할 때마다 울음을 터뜨린다. 그 눈물은 힘들 때 모른 체한 타인을 비난하는 의미다. 때로는 자신을 버렸다고 신을 원망하기까지 한다. 자기는 누군가를 원망하고 비난해도 된다고 여기지만, 자신 또한 타인을 버렸다는 사실은 좀처럼 깨닫지 못한다. 나아가 얼마나 많은 계획들을 중도에 내팽개쳤는지도 알지 못한다. 이 모든 일은 자아가 벌이는 짓이다. 늘 그랬듯 '의존하는 사람' 역시 자아에 속고 있는 것이다.

타인의 위로에 중독된 사람들

'의존하는 사람'은 늘 관심과 보살핌을 원하지만 자신은 남에게 그렇게 행동하지 않는다. 자기는 하고 싶은 대로 하면서 남이 그렇게 하면 무척 못마땅해 한다. 남이 본인 욕구를 채우느라 자신을 내버려둔다고 느끼기 때문이다. 예를 들어 혼자 책읽기를 좋아하지만 배우자가 혼자 책을 읽으면 불평한다. 또 혼자 여행하기를 좋아하면서도 남편이 혼자 여행을 떠나면 버림받았다고 느낀다. "나 같은 건 신경도 안 쓰는 거야. 그러니까 혼자 가버리지."라고 생각하는 것이다. 또 지인의 모임에 초대받지 못하면 견딜 수 없다. 자기도 마땅히 그곳에 있어야 하는데 남들이 자신을 하찮게 여기고 부르지 않아서 버림받았다며 슬퍼한다.

'의존하는 사람'은 좋아하는 사람의 몸을 늘 붙잡고 있다. 어린 여자아이는 아빠에게, 남자아이는 엄마에게 꼭 달라붙어 있다. 부부라면 배우자에게 기대거나 손을 잡거나 몸을 쓰다듬는다. 서 있을 때는 벽이나 문이나 무엇에든 기대려고 한다. 앉아 있을 때조차 몸을 제대로 가누지 못하고 의자 등받이에 기대어 눕다시피 한다. 결국 어떤 경우에도 혼자서는 몸을 똑바로 유지하지 못한다. 대개 등도 앞으로 심하게 굽어 있다.

워크숍을 진행할 때면 꼭 쉬는 시간에 개인적으로 질문하는 사람들이 있다. 대부분 '의존하는 사람'의 가면을 쓴 사람들이다. 그럴 때마다 "수업 중에 질문해주세요."라고 부탁한다. 그들의 질문이 다른 참가자들에게도 도움이 되기 때문이다. 그러나 워크숍이 다시 시작되면 대부분 질문하지 않는다. 그들에게는 상대가 자신에게만 관심을 가져준다는 사실이 중요하기 때문이다. 그래서 원하는 만큼 관심을 받을 수 있는 일대일 상담을 권하지만 이 방법은 한계가 있다. 오히려 상처를 더 키울 수도 있기 때문이다.

대중의 주목을 받는 직업에 종사하는 사람들, 예를 들면 가수나 배우, 탤런트 같은 이들 중에는 실제로 '의존하는 사람'이 많다. 그들에게 대중의 관심은 굉장히 기분 좋은 일이다.

'의존하는 사람'은 일대일 상담을 받을 때 쉽게 상담자에게 '전이'*를 한다. 부모나 배우자에게 받지 못한 관심과 지지를 상담자에게 은연중에 요구하는 것이다. 상담자로 일하는 친구의 사례를 들어보자.

남편과 2주일 동안 휴가를 떠나게 된 그녀는 자신이 진행하는 상담을 동료에게 맡아달라고 부탁한 뒤 담당하던 남성 고객에게 그 사실을 알렸다. 고객은 몹시 화를 냈는데, 알고 보니 전이로 인

---

* transference. 정신분석에서 상담을 받는 사람이 다른 사람에게 느끼는 감정을 상담자에게 옮기는 현상이다. 예를 들어 남성 내담자는 여성 상담자에게 자기 부인이나 엄마에게 느끼는 감정을 그대로 느끼며 보살핌을 요구하거나 혹은 간섭당하기를 거부하기도 한다.

한 감정이었다. 자기 아내에 대한 감정을 상담사에게 느끼고, 그녀가 남편과 여행을 떠나느라 자신을 내버려두었다며 분노한 것이다. 관찰 결과 그는 '의존하는 사람'임이 판명되었다. 나는 기회가 있을 때마다 상담사들에게 이 사례를 소개하며 전이의 위험성을 경고한다. 특히 '버림받음'의 상처로 괴로워하는 사람을 다룰 때는 더욱 조심해야 한다.

'의존하는 사람'의 광장공포증

'의존하는 사람'은 타인과 쉽게 일체감을 느낀다. 그 때문에 남의 행복과 불행이 자신 때문이라고 생각하기 쉽다. 물론 이런 사고방식은 자신의 행복과 불행이 남의 책임이라고 생각하는 데서 출발한다. 소위 '빙의 체질'인 이들은 타인의 감정을 자기 몸으로 직접 느끼고 영향을 받는다. 타인과 하나가 되고 싶은 욕구가 지나치면 심한 경우 '광장공포증'을 일으키기도 한다.

광장공포증에 대해서는 이전에 집필한 『당신의 몸이 말한다』[**]의 내용을 인용하겠다.

[**]   Ton corps dit : "Aime-toi !", Les malaises et maladies et leurs messages, 2012, Editeur

이 병에 걸린 사람은 넓고 탁 트인 공간이나 사람이 많은 장소를 병적으로 무서워한다. 가장 흔한 공포증후군이며 남성에 비해 여성이 두 배 정도 더 걸리기 쉽다. 남성은 알코올 의존증으로 광장공포증을 숨기는 경향이 있다. 자신이 주체할 수 없는 공포에 시달린다는 사실을 인정하느니 차라리 알코올 의존증으로 자신과 남을 속이려는 것이다.

광장공포증에 걸린 사람은 늘 불안과 공포에 시달리는데, 심각할 경우 패닉에 빠지기도 한다. 극도로 불안한 상태가 되면 가슴 두근거림(심계항진, 부정맥), 현기증, 과도한 근육 긴장이나 무력감, 발한, 호흡곤란, 요실금, 구토와 같은 신체적인 반응이 나타나면서 패닉에 빠진다. 정신적으로는 극단적인 불안에 시달린다. 갑자기 모든 것이 낯설고 자신을 제어하지 못할까 봐 두려워하거나 이러다 미치는 것은 아닐까, 사람들 앞에서 창피를 당하면 어쩌나, 이대로 가다가 정신을 잃거나 정말 죽어버리는 것은 아닐까 별의별 생각을 다 한다. 또 불안을 느낄 만한 상황을 본능적으로 피하며 안전하다고 느끼는 사람이나 장소에서 떨어지지 않으려 한다. 이들 대부분이 저혈당 증상에 시달린다.

불안이나 공포가 극도로 심하면 누군가 보살펴주는 사람 없이는 집 밖으로 한 발자국도 못 나가는 경우도 있다. 또 절대적으로 안전하다고 느끼는 장소가 아니면 가려고 하지 않는다. 늘 그럴듯한 핑계를 대지만 그들이 두려워하는 사태는 절대 일어나지 않는다. 광장공포증에 걸린 사람은 어머니에게 지나칠 정도로 의존한다. 따라서 어머니와 관계에서 발생한 문제를 해결하면 광장공포증이 개선되는 경우가 많다.

광장공포증 환자가 느끼는 가장 큰 불안은 죽음과 정신이상이다. "이러다 죽는 건 아닐까?"라든지 "이대로라면 미쳐버릴 것 같아." 하고 불안해한다. 워크숍에는 거의 언제나 광장공포증 환자가 참가한다. 여러 환자와 만나면서 광장공포증에 대해 의미 있는 발견을 할 수 있었고, 그 깨달음을 바탕으로 수많은 환자들을 치유할 수 있었다. 그들의 불안은 유아기에서 유래하는데, 어릴 때 '분리'를 경험한 것이 가장 큰 원인이다. 특히 가족의 죽음이나 가까운 이의 정신 발작을 경험한 사람은 광장공포증에 상대적으로 더 취약하다. 혹은 본인이 죽을 뻔했거나 가족 중에 죽음과 정신이상을 두려워하는 사람이 있어서 그 영향을 받은 경우에도 걸리기 쉽다.

광장공포증 환자는 죽음에 대해 약하든 강하든 두려움을 느끼는데, 스스로는 명확히 의식하지 못한다. 또 어떤 형태든 변화를 견디기 힘들어한다. 그들에게 변화는 곧 죽음을 상징하기 때문이다. 따라서 그 어떤 변화도 광장공포증 환자에게는 불안의 씨앗이며 증상을 더 악화시킬 뿐이다. 여기서 변화란 예를 들어 유아기에서 사춘기로 접어들거나 청년이 어른으로 성장할 때, 독신으로 지내다가 결혼 생활을 시작할 때, 이사나 이직, 임신과 출산, 사고, 이혼, 죽음 등을 포함한다.

그들의 불안과 공포는 오랜 세월 잠재되어 있는 경우가 많다. 그러다가 마침내 정신적으로나 감정적으로 한계에 다다랐을 때, 즉 불안과 공포를 더 이상 참을 수 없을 때 광장공포증의 형태로 그 모습을 드러내는 것이다.

광장공포증 환자의 상상력은 상식의 틀을 벗어나 극단적으로 치닫는다. 그 결과 현실과 완전히 괴리된 상황을 상상하고 본인은 도저히 감당하지 못할 거라 믿는다. 자기 멋대로 상상해놓고 정신이 이상해질까 봐 불안해하는 것이다. 하지만 남들이 미친 사람처럼 볼까 봐 털어놓을 수도 없다. 정신이 극도로 예민한 상태를 적절히 대응하지 못할 뿐, 정신착란을 일으키는 일은 절대 없다.

만일 지금 이 순간 그런 불안과 공포를 느낀다 해도 걱정하지 말기 바란다. 당신은 절대 미치거나 죽지 않는다. 그런 일은 결코 일어나지 않는다. 그저 어릴 때부터 타인의 감정에 지나치게 마음을 열어놓는 바람에 타인의 행복과 불행이 자기 책임이라고 느낄 뿐이다. 그래서 사람들이 많은 곳에 가면 그들의 감정을 생생히 느끼고 영향을 받는다. 지금 가장 중요한 것은 '책임'이라는 말의 진정한 의미를 깨닫는 일이다. 지금까지 당신을 억누르던 잘못된 확신을 바로잡아야 한다.

지금까지 만난 광장공포증 환자는 대부분 '의존하는 사람'이었다. 그들의 특징은 죽음과 광기에 대한 두려움이다. '의존하는 사람'은 가까운 사람이 세상을 떠나면 버림받았다고 느낀다. 그리고 이후 어떤 사람의 죽음도 받아들이지 못한다. 왜냐하면 그 모든 죽음이 '버림받은 상처'의 고통을 일깨워 광장공포증을 더욱 악화시키기 때문이다.

'버림받은 상처'가 깊은 사람은 죽음을 더 두려워하고 '배신의 상처'가 깊은 사람은 광기를 더 두려워한다. 배신당함의 감정에 관해서는 5장에서 살펴보겠다.

필요한 것은 '독립'이 아니라 '자립'

'의존하는 사람'인 엄마는 자녀와 강한 유대감을 느끼고 싶어 하고 아이에게 받는 사랑에 크게 의존한다. 아이가 자신에게 얼마나 소중한 존재인지 알려줄 수만 있다면 무엇이든 할 것이다. 타인의 사랑, 특히 가까운 사람들과의 사랑은 '의존하는 사람'에게 큰 의지가 된다. 그 사랑 덕분에 혼자 서 있을 수 있기 때문이다. '의존하는 사람'은 종종 이렇게 말한다.

"아무도 나를 좋아하지 않거나
사랑하지 않는다고 생각하면 견딜 수 없어요.
만일 그렇다면 상황을 바꾸기 위해
무슨 일이든 할 거예요."

'의존하는 사람'이 "어떻게 지내는지 자주 전화해줘요."라고 한다면 이는 "당신이 전화해주면 제 자신이 소중한 사람처럼 느껴져요."라는 뜻이다. 타인이 자신에게 관심을 가지고 소중히 여겨주는 일이 그들에게는 무엇보다 중요하다. 본인은 도저히 자기 자신에 대해 그렇게 느낄 수도, 행동할 수도 없기 때문이다.

'의존하는 사람'은 본인의 의존성 때문에 문제가 생기면 더 이상 남에게 기대지 않겠다고 결심한다. 그리고 실제로 독립했다고 믿고 주변에 그 사실을 자랑하고 싶어 한다. 하지만 이런 행동은 상처를 숨기고 오히려 여전히 치유되지 않은 상태를 강조할 뿐이다.

예를 들어 '의존하는 사람'인 부부가 '독립'된 생활을 하고 싶으니 아이를 가지지 않겠다고 말할 경우 진짜 이유는 다른 데 있을 수 있다. 남성은 아이 때문에 아내가 자신을 소홀히 할까 봐 두렵고 여성은 아이를 돌보는 일이 귀찮고 힘들어 꺼릴 가능성이 높다. 즉 본인들의 속내를 숨기려고 '독립된' 생활을 하고 싶다고 주장하는 것이다. 만일 '의존하는 사람'인 여성이 출산하면 그녀는 아이가 어렸을 때만, 즉 아이가 자기에게 의존할 때만 온 힘을 다해 보살필 것이다. 자기에게 의존하는 아이를 보살피면서 자신이 가치 있고 소중한 존재임을 느낄 수 있기 때문이다. '의존하는 사람'에게 필요한 것은 사실 독립보다 자립이다. 이 문제에 관해서는 책의 마지막 부분에서 자세히 다루겠다.

연애와 결혼을 망치는 자기 파괴적 습성

성생활에서도 '의존하는 사람' 특유의 행동 양식이 그대로 드러난다. 그들은 타인의 관심을 끌기 위해 섹스를 이용한다. 이런 현상은 특히 여성에게 두드러진다. 상대가 자신을 원한다고 느끼면 자신을 더 중요한 존재로 여길 수 있기 때문이다. 다섯 가지 상처를 지닌 사람들 중에서 '버림받음'의 상처를 지닌 사람들이 가장 섹스를 즐긴다. 그들은 대개 파트너보다 훨씬 더 많이 섹스하기를 원하는데 횟수가 충분하지 않다고 불평하는 경우도 드물지 않다. 따라서 '의존하는 사람'인 여성은 설사 잠자리를 하고 싶지 않더라도 남편이 요구하면 거절하지 않고 따라준다. 상대가 자신을 원한다는 느낌을 충분히 즐기고 싶기 때문이다.

'의존하는 사람'은 버림받는 것이 무엇보다 두렵다. 그래서 어떤 여성들은 자기가 없을 때 남편이 다른 여자를 집에 끌어들여도 모른 척한다. 남편 애인과 한 지붕 아래 사는 것까지 마다 않는 여성도 있다. 한편 아내가 젊은 애인과 놀아나는 것을 알면서도 괜찮은 척 행동하는 남성도 많다. 그들은 배우자에게 버림받느니 차라리 치욕스러운 상황을 견디는 편이 낫다고 생각한다. 사랑하는 사람을 잃지 않기 위해서라면 무슨 일이든 할 준비가 되어 있다.

지금까지의 설명을 통해 알 수 있듯 '버림받음'의 상처를 지닌 사람들은 타인과의 의사소통에 어려움을 많이 겪는다. 두려움 때문에 자신의 생각이나 요구를 정확히 표현하지 못하기 때문이다. 그들이 겪는 두려움은 다음과 같다.

- 어린애처럼 울음을 터뜨려 남들이 유치하다고 생각하면 어쩌지?
- 상대방이 떠나서 외톨이가 되면 어쩌지?
- 내 요구가 주변의 동의와 지지를 받지 못하면 어떻게 하나?
- '안 돼'라는 말을 듣게 되지 않을까?
- 거부당하면 어떻게 하지?
- 내 행동이 상대방의 기대에 미치지 못하는 건 아닐까?

만일 이런 두려움을 강하게 느낀다면 '버림받음'의 상처에 지배당하고 있는 것이다.

'의존하는 사람'을
구별하는 법

홀로 서지 못하고 휘청이는 몸

인간의 성격을 깊이 파고들수록 대부분의 사람들이 여러 가지 상처를 동시에 지닌다는 사실이 분명해진다. 물론 상처의 깊이는 저마다 다르다.

'버림받음'의 상처로 괴로워하는 사람은 충분히 사랑받지 못했다고 느낀다. 애정 결핍에 시달리며 자랐다고 할 수 있다. 신체적인 영양 결핍 역시 '버림받음'의 상처를 일으키는데, 이 상처는 보통 두 살 이전에 만들어지기 시작한다. 그때 아이는 상처를 숨기기 위해 '의존하는 사람'의 가면을 만든다. 이 책에서 '의존하는 사람'은 '버림받은 상처'로 괴로워하는 사람을 가리킨다.

이 가면을 쓴 사람은 일단 근육에 힘이 하나도 없다. 큰 키에 바싹 마른 몸은 축 처져 있어서 버림받은 상처가 한눈에도 뚜렷하다.

근육이 제대로 발달하지 않아 옆에서 부축해주지 않으면 몸을 똑바로 세우지도 못할 것 같다.

몸은 우리 마음속에서 벌어지는 일을
정확하게 보여준다.

'의존하는 사람'은 혼자서는 아무것도 할 수 없어서 늘 의지할 사람이 필요한데 그의 몸 역시 도움이 필요한 듯하다. '의존하는 사람'의 몸을 보면 도와달라며 울고 있는 어린아이가 쉽사리 떠오른다.

큰 눈은 슬픔이 가득해서 '버림받은 상처'를 여지없이 드러낸다. 그 가련한 눈빛은 마치 사람들의 관심을 끌려는 듯 보인다. 가냘픈 다리는 힘이 없고 두 팔은 몸에 비해 너무 길어 균형이 맞지 않는다. 마치 몸에 대롱대롱 매달린 것처럼 보이기도 한다. 서 있을 때 특히 누가 쳐다보기라도 하면 그 길고 흐느적거리는 팔을 어디에 두어야 할지 몰라 허둥댄다.

'의존하는 사람'은 마치 척추가 몸을 버티지 못하는 듯 등이 앞으로 심하게 굽었다. 또 몸의 일부, 예를 들어 뺨이나 어깨, 가슴, 배, 엉덩이, 남성의 경우 음낭 등이 힘없이 축 늘어져 있다. 그들의 몸이 주는 가장 강력한 인상은 근육에 도통 힘이라고는 느껴지지 않는 것이다. 기운이 하나도 없는 몸을 보면 그 사람이 '버림받은 상처'를 숨기려고 '의존하는 사람'의 가면을 쓰고 있다는 사실을 짐작할 수 있다.

상처가 깊을수록 가면은 두꺼워지는 법이므로 의존도가 심한 사람은 이러한 신체적 특징을 모두 갖추고 있을 수 있다. 반면 몸에 기운이 없는데도 살이 통통하게 쪘다면 그 사람은 '버림받은 상처' 외에 다른 상처도 지니고 있다는 뜻이다. 살찐 몸매는 대개 '모욕'의 상처를 입은 사람들의 특징이기 때문이다. '모욕'의 상처에 대해서는 다음 장에서 자세히 살펴보겠다.

성형과 운동으로는 가려지지 않는 상처

'거부'와 '버림받음'의 상처를 혼동하기 쉽듯이 '도피하는 사람'과 '의존하는 사람'도 헷갈리기 쉽다. 양쪽의 차이를 알아보자.

지금 당신 앞에 마른 사람이 두 명 있다. 한 쪽은 '도피하는 사람'이고 다른 한 쪽은 '의존하는 사람'이다. 두 사람 모두 발목이 가늘고 손목도 가느다랗다. 이들이 어떤 가면을 쓰고 있는지 구별하려면 몸의 '활력'에 주목해야 한다. '도피하는 사람'은 말랐지만 몸에 힘이 있고 자세가 똑바르다. 반면 '의존하는 사람'은 몸에 힘이 없고 대개 등이 굽었다. '도피하는 사람'의 몸은 근육이 잘 발달되어 단단하지만 '의존하는 사람'은 몸에 힘이 하나도 없이 축 늘어져 있다. '거부'와 '버림받음'의 상처를 동시에 지닌 사람의 몸에서는 양쪽의 특징을 모두 찾아볼 수 있다. 이런 경우 상처가 더 깊은 쪽의 특징이 두드러진다.

우리가 만나는 사람들이 어떤 상처를 지녔는지 관찰하는 습관을 들이면 직관력을 기르는 데 도움이 된다. '나이 마흔이면 자기 얼굴에 책임을 져야 한다'고 하듯 몸은 그 사람의 됨됨이를 정직하게 표현한다. 때문에 많은 사람들이 이런저런 방법으로 자기 몸을 바꿔보려고 한다. 어떤 이는 성형에 의존하고 또 다른 사람은 우람한 근육을 키운다. 몸의 일부를 변형시키고 원래 모습을 감추려는 이유는 해당 부위와 관련된 마음의 상처를 숨기기 위해서다.

우리는 직관을 통해 사람들이 몸의 어떤 부분을 변형시켰는지 알아차릴 수 있다. 개인적으로 몇 번이나 그런 사례를 경험했다. 얼마 전 여성 K와 상담하던 도중에 그녀의 가슴이 유독 불룩 솟아 보였다. 하지만 K의 첫인상은 비록 순간적이었지만 전혀 달랐다. 분명히 가슴이 힘없이 늘어졌다고 느꼈다. 나는 직관을 믿었으므로 이렇게 물어보았다.

"정말 이상하네요. 가슴이 이렇게 크고 아름다운데 처음 봤을 때는 분명히 가슴이 작고 늘어졌다고 느꼈거든요. 정말 실례지만 혹시 수술하셨나요?"

그러자 그녀는 머뭇거리며 자기 가슴 모양이 싫어서 성형수술을 했다고 털어놓았다.

여성들은 브래지어나 보정 속옷, 어깨 패드나 거들 때문에 몸매의 특징을 알아보기 어려울 때가 많다. 하지만 옷을 벗고 몸을 거울에 비추면 오해의 여지가 없다. 타인을 관찰할 때는 자신의 직관과 첫인상을 믿고 판단하기 바란다.

젊을 때부터 보디빌딩으로 몸을 단련한 남성들은 크고 단단한 근육에도 불구하고 몸에 힘이 느껴지지 않는다. 운동을 그만두면 멋진 근육들은 자취를 감추고 축 늘어진 몸만 남을 것이다. 이런 현상은 '의존하는 사람'에게서만 나타난다. 아무리 근육을 키워도, 즉 몸을 변형해서 감춘다 해도 상처가 치유되지는 않는다. 앞에서 예를 든 손가락의 상처를 떠올려보자. 반창고를 붙이든 장갑을 끼든 등 뒤로 감추든 상처는 여전히 그대로 남아 있다.

폭식, 결핍된 애정의 보상

'의존하는 사람'은 아무리 먹어도 살이 찌지 않는다. 늘 부족하다고 느끼는 마음이 몸에 그대로 드러나는 것이다. 반면 조금만 먹어도 마음속으로 과식했다고 생각하면 몸이 반응해서 살이 찐다.

2장에서 '도피하는 사람'은 식욕부진에 빠지기 쉽다고 했는데, '의존하는 사람'은 반대로 폭식증에 걸리기 쉽다. 폭식증에 시달리던 어떤 남자를 관찰한 결과 어릴 때 부족했던 엄마의 애정을 음식으로 채우려 한다는 사실이 드러났다. 여성이라면 아버지의 사랑이 부족했을 것이다. 부모 대신 자신을 보살펴줄 사람이 없다면 '의존하는 사람'들은 대부분 음식으로 결핍을 해소하려고 한다. 그들은 또 '먹어치우다'라는 말을 자주 쓴다. 예를 들어 "우리 애가 내 기운을 다 잡아먹었어."라든지 "일하느라 시간을 다 잡아먹었어."라는 식이다.

'의존하는 사람'은 딱딱한 음식보다 부드러운 음식을 선호한다. 또한 남들과 같이 식사할 때는 천천히 먹는데 가능한 한 오래 남의 관심을 받고 또 그들과 함께하는 즐거움을 누리고 싶기 때문이다. 확실히 '의존하는 사람'은 혼자 밥 먹는 것을 좋아하지 않는다. 더군다나 밖에서 혼자 먹는 일은 질색이다. 또 그들은 '버려두다'라는 말을 싫어하므로 절대 음식을 먹다 남기지 않는다. 아무리 배가 불러도 무리해서 먹어치운다. 물론 본인은 그런 상황을 전혀 의식하지 못한다.

관심에 굶주린 자의 질병

'의존하는 사람'은 어릴 적부터 병약한 편으로 잔병치레가 많다.
그들이 걸리기 쉬운 질병을 살펴보자.

- **천식**: 호흡에 장애가 생기는 병이다. 형이상학적으로 해석하면 천식에
  잘 걸리는 사람은 빼앗으려고만 하고 남에게 주지를 못한다. 그래서 숨
  을 들이마시기만 하고 내뱉기 어려워하는 것이다.
- **기관지 문제**: 기관지는 형이상학적으로 가족과 밀접하게 관련된 부위
  다. '의존하는 사람'은 가족에게 충분히 애정과 보살핌을 받지 못했다고
  느끼고, 또 가족에게 너무 의존하기 때문에 기관지에 문제가 자주 발생
  한다. 가족들의 눈치를 그만 보고 자신의 정당한 권리를 주장하면서 본
  인의 자리를 되찾는다면 증상은 점점 개선될 것이다.
- **부신과 소화기계 질환**: 이들은 부신에 관련된 질병에 취약하다. 또 자
  신은 충분히 식사를 제공받지 못한다고 믿기 때문에 ― 실제 제공받고
  있는지 여부는 상관없다 ― 소화기관 전체가 약해진다. 마음이 굶주려
  있을 뿐인데도 몸이 그에 따라 반응해버리는 것이다.
- **근시**: '의존하는 사람'은 시력이 나쁜 경우가 많다. 앞날에 대한 두려움
  이 크고 특히 혼자서는 미래를 직면할 수 없다는 공포가 시력에 영향
  을 미치기 때문이다.

- **히스테리**: 희생자 연기를 하고 있으므로 히스테리를 일으키기 쉽다. 심리학에서는 '히스테리' 환자들은 마치 젖을 얻어먹지 못하고 버림받은 갓난아기와 유사하다고 설명한다. 환자들이 종종 큰 소리로 울부짖는 것은 그 때문이다.

- **우울증**: 자신이 원하는 방식대로 또 원하는 만큼의 애정을 얻지 못해서 무력감에 시달리다가 결국 우울증에 걸린다. 우울증은 타인의 관심을 끌려는 수단이기도 하다.

- **두통**: 잦은 두통에 시달리는데 이는 자기 자신을 잃어버려서 타고난 본성대로 살아갈 수 없기 때문이다. 주변의 눈치만 보다가 타인의 그림자에 가려진 채 살아가게 된다.

- **난치병이나 희귀병**: 난치병이나 희귀병에 걸리는 이유는 주변의 관심을 끌려고 하기 때문이다. 난치병은 현대 의학이 아직 그 병을 치료할 수단을 발견하지 못했을 뿐이라는 사실을 기억하자. 언젠가는 반드시 고칠 수 있게 된다.

이상과 같은 질병은 다른 상처를 지닌 사람들에게도 볼 수 있지만 '버림받은 상처'를 지닌 사람들에게 더 자주, 그리고 많이 보인다.

상처를 껴안고 악연의 고리를 끊는 법

만일 '버림받은 상처'를 지니고 있다면 이것만큼은 기억해주기 바란다. 당신은 그 상처 때문에 이성의 부모, 이성의 타인과의 관계에서 고통을 겪으므로 부모와 이성을 미워할 것이다. 누구나 자신을 상처 준 사람을 원망한다. 당연한 감정이다. 하지만 다음과 같은 사실도 부디 잊지 않기 바란다.

부모를 계속 원망하는 한 무의식적일지라도
그들과 같은 성을 가진 사람들과 제대로 관계를 맺을 수 없다.

아마 부모도 그들의 아버지 혹은 어머니, 즉 동성 부모와의 관계에서 같은 상처를 입었을 것이다. 부모와 화해하며 이 오래된 악연의 고리를 끊지 않으면 상처는 아들딸에게 대물림될 것이다. '마음의 상처'가 낫지 않는 가장 큰 이유는 자신과 타인에게 상처를 입힌 사실을 스스로 용서하지 못하기 때문이다. 특히 자신을 용서하기란 무엇보다 어려운 일이다. 스스로를 탓하고 있다는 사실 자체를 깨닫지 못하기 때문이다.

'버림받음'의 상처가 깊을수록 스스로를 버리려 한다. 이는 절망에 빠진 자신을 보살피지 않고 내팽개쳤다는 뜻이며 타인과 앞으로의 계획과 현재 상황을 버린다는 의미다.

우리는 자기가 한 짓이 보기 싫어서 남을 비난한다.
바로 그 이유 때문에 자신의 행동을 그대로 보여주는
사람들을 곁으로 끌어당기는 것이다.

따라서 근본적인 원인이라 할 수 있는 부모와의 관계를 회복하는 것은 무엇보다 중요하다. 그제야 비로소 같은 상황이 반복되지 않도록 고리를 끊어낼 수 있다.

의사나 심리학자들도 질병과 행동 양식이 세대를 거듭해 이어진다는 사실을 인정한다. 당뇨병이나 심장병, 천식, 암 같은 질병과 폭력과 알코올 의존증과 같은 생활 습관은 부모에서 자식으로, 또 그 자식으로 대물림된다.

상처가 만들어내는 사랑의 방식들

만일 당신이 이성의 부모에게 충분히 사랑받았음에도 불구하고 '의존하는 사람'이라면, 그 애정은 당신이 원하는 방식이 아니었을 가능성이 있다. 어쩌면 과도한 애정에 짓눌렸을 수도 있다. 우리

장남의 예를 들어 이야기해보겠다.

그 아이는 '버림받은 상처'를 안고 있는데 어른이 되면서 '의존하는 사람'의 신체적인 특징이 확연히 드러났다. 그러나 세 명의 자식 중 장남은 가장 많은 사랑을 받은 아이다. 아이가 어렸을 때는 내가 전업주부였으므로 늘 집에서 함께 시간을 보낼 수 있었다. 첫아이인데다 장남이어서 잘 키우고 싶은 마음에 꽤나 엄하게 가르쳤고 감시하듯 아이에게서 눈을 떼지 못했다.

돌이켜 생각해보면 내가 엄마로서 쏟아부은 애정은 아이가 원하던 것과는 전혀 달랐다. 그저 내 욕심일 뿐이었다. 아이는 상처받고 괴로운 나머지 아주 오랫동안 엄마인 나를 미워하고 원망했다. 그때는 아이의 행동을 이해할 수 없어 괴로웠지만 이제는 모든 것이 훤히 들여다보인다.

또 우리의 관계가 이미 계획되어 있었다는 것도 깨달았다. 아이와 나는 '버림받음'의 상처를 함께 겪어야 했다. 아이는 '버림받음'의 상처를 치유하기 위해 나라는 사람을 엄마로 만났고, 나는 나대로 아버지와의 갈등을 해소하기 위해 그 아이를 자식으로 키워야 했던 것이다.

우리 인간은 어떤 사건을 사랑으로 받아들이지 못하고 해결하지 못했을 때 다시 이 땅에 태어난다. 지난 생까지 해결하지 못한 문제를 풀기 위해 새로운 몸에 깃들어 다시 태어나는 것이다. 우리는 모두 생을 걸고 문제를 풀기 위해 노력한다. 그중에서도 오래된 상처를 헤집고 치유하는 건 쉽지 않기에 더욱 가치 있는 일일지도 모른다.

가면, 상처받은 자아의 반응

지금까지 설명한 성격과 행동은 '버림받음'의 상처로 고통받는 사람이 '의존하는 가면'을 쓸 때만 나타난다. 즉 가면이 시키는 대로 행동하면 상처의 고통에서 벗어날 수 있다고 믿는 것이다.

상처의 크기와 고통의 깊이에 따라
사람들은 아주 가끔씩 가면을 쓰기도 하고
혹은 계속 쓴 채로 살아가기도 한다.

'의존하는 사람'은 '버림받은 상처'를 두 번 다시 경험하고 싶지 않기 때문에 가면에 따른 특유의 행동을 한다. 당신은 어떤가? 지금까지 살펴본 특성 중에 어떤 것은 맞고 어떤 것은 전혀 해당되지 않을 수 있다. 이 장에서 설명한 특징을 모두 다 갖춘 사람은 존재하지 않는다.

모든 상처에는 특유의 심리 태도와 행동 양식이 존재한다. 자신이 각각의 상처를 마주할 때 어떻게 느끼고 생각하고 말하는지, 또 어떻게 행동하는지 신중히 살펴야 한다. 이 모두가 경험에 대한 '반응'이기 때문이다. '반응'하는 사람은 자신의 중심에서 벗어나기 때문에 진심으로 행복하게 살아갈 수 없다. 따라서 자신이 '반응'할 때 그 사실을 깨닫지 않으면 안 된다. 그때야 비로소 혼자라는 공포에 지배당하지 않고 진정 자기 인생의 주인공이 될 수 있다.

Chapter 4

'수치심',

영혼을 ——

파괴하는 감정

1

'마조히스트'의 가면을 쓴 사람들

모욕감과 함께 상처가 깨어나다

'모욕'이란 무엇일까? 다른 사람에 대한 관심과 배려 없이 행하는 말과 행동이다. 아무리 약한 모욕이라도 당한 사람에게는 크나큰 상처를 남긴다. 그럼 모욕이란 단어의 뜻을 함께 살펴보자.

- 깔보고 욕되게 하는 일
- 자존심이나 자긍심을 낮추는 일
- 자신과 타인의 가치를 심하게 훼손하는 일

비슷한 말로는 '수치심, 쑥스러움, 굴욕, 억압, 박탈, 비하' 등이 있다.

'모욕'의 상처는 한 살에서 세 살 무렵 사이에 깨어난다. '깨어난다'고 표현한 이유는 다음과 같은 생각이 이 책의 바탕이 되기 때문이다.

사람은 누구나 상처를 안고 태어난다.
과거의 상처를 이번 생에서 치유하기 위해서다.
하지만 태어나는 순간 우리는 모든 것을 잊는다.

모욕의 상처를 치유하려고 태어난 영혼은 자신을 모욕하게 될 사람을 부모로 만난다. 이 상처는 특히 신체적 차원, 즉 '소유'와 '행위'의 차원에서 생겨난다. 몸의 기능이 발달하는 시기, 즉 아이가 혼자서 먹고 씻고 대소변을 가리고 말할 수 있으며 어른의 말을 알아듣는 무렵부터 깨어나기 시작한다.

예를 들어 아이가 손발이 지저분하거나 옷을 더럽히거나 사람들 앞에서 버릇없이 굴어 부모가 아이를 창피스럽게 생각할 때 '모욕'의 상처가 서서히 깨어난다. 어떤 상황이든 신체적으로 모욕을 당하고 수치스럽다고 느낄 때마다 상처는 점점 더 크게 자란다.

만약 아기가 침대 여기저기 응가를 묻혔다고 하자. 기겁한 엄마가 아기 몸을 거칠게 닦으며 남편에게 "정말 더럽지 않아?"라고 말한다면, 그 순간 아이의 상처가 눈을 뜬다. 아직 어리지만 아기는 부모의 기분을 예민하게 감지하고 자신이 모욕당했다고 느끼기 때문이다.

나는 여섯 살 되던 해 수녀원에서 운영하는 기숙사 학교에 보내졌다. 그곳에서는 학생들이 모두 큰 방에 모여 함께 잤는데 밤중에 혼자 화장실 가기를 무서워하는 아이들이 가끔 이불에 실수를 했다. 그 다음 날이면 사감 수녀는 아이 어깨에 더러워진 이불을 씌워서 반마다 돌아다니게 했다. 창피를 주면 두 번 다시 실수를 하지 않으리라 생각한 것이다. 크나큰 착각이다. 그런 식으로 모욕하면 상황은 더 나빠진다. 모욕의 상처를 치유해야 할 아이가 창피를 당하면 상처는 더 커질 뿐이다.

성적(性的) 영역에서도 종종 비슷한 일이 벌어진다. 예를 들어 어린 사내아이가 자기 성기를 만지작거리는 것을 엄마가 보았다고 하자. 깜짝 놀라 "뭐하는 거야! 더럽게. 창피하지도 않니? 그런 짓 하면 못써!"라고 말한 순간, 아이는 심하게 모욕당했다고 느낀다. 어쩌면 그날의 기억 때문에 성인이 된 이후까지 정상적인 성생활이 어려울 수도 있다.

또 아이가 우연히 부모의 벗은 몸을 보았을 때 엄마나 아빠가 몹시 당황하면서 숨고 싶어 한다고 느끼면 아이는 자기 몸이 부끄러운 것이라고 배우게 된다.

이처럼 모욕의 상처는 한 살부터 세 살 사이에 다양한 영역에서 깨어나 자라기 시작한다.

아이는 신체적으로 부모에게 지배당하거나 행동의 자유를 빼앗겼다고 느낄 때, 혹은 자기가 원하는 대로 움직일 수 없다고 느낄 때 자신을 쓸모없는 존재라고 여긴다. 예를 들어 손님이 올 때가 다 되었는데 아이가 흙장난을 하다가 새로 갈아입힌 옷을 더럽혀 야단을 맞았다고 하자. 부모는 아이의 면전에서 손님에게 "애가 좀 부잡스러워야지요. 하루에 몇 번이나 옷을 갈아입는지!" 하고 변명하듯 아이의 부주의함을 이야기한다. 그때 아이가 느끼는 모욕감은 상당히 크다. 부모님을 기분 나쁘게 만들었다고 믿는 아이는 모욕당했다고 생각하는 동시에 자신의 행동을 부끄러워한다.

한편 '모욕'의 상처 때문에 괴로워하는 사람들의 어린 시절 이야기를 듣다 보면 놀라울 때가 많다. 하지 말라는 짓만 골라 하며 사고를 몰고 다니기 때문이다. 가끔은 '이 사람들이 모욕을 당하려고 작정한 것 아닌가' 하는 생각이 들 정도다. 창피를 당할 상황만 찾아다니니 말이다.

다른 상처들과 달리 '모욕'의 상처는 주로 엄마와의 관계에서 생겨난다. 물론 아이의 위생이나 옷차림을 꼼꼼히 챙기면서 엄마 노릇을 하는 아버지라면 이야기가 달라진다. 그런 경우 엄마는 위생이나 성적 측면에서 상처를 주고, 아버지는 대개 듣고 말하는 언어 능력과 학습에 관련해서 상처를 입힌다. 이런 아이는 양쪽 부모와 함께 상처를 치유해야 한다.

모욕을 피하는 가면을 만들다

아이는 모욕을 당하면 '마조히스트'의 가면을 만들어 쓴다. '마조히즘masochism'이란 고통 속에서 만족과 기쁨을 느끼는 상태로, '마조히스트'는 무의식중에 고통과 모욕을 찾아다니는 사람들이다. 그들은 남들보다 한발 앞서 자신을 아프게 하고 벌을 준다.

이 책에서 '마조히스트'는 '모욕'에 뒤따르는 고통을 피하려고 '마조히스트'의 가면을 쓴 사람을 가리킨다. 거듭 말하지만 실제로 모욕을 당해도 상처를 느끼지 못하는 사람도 있다. 반면 어떤 '마조히스트'는 거부당하고도 모욕을 당했다고 느낀다.

우리는 남이 싫어할 짓을 저지르는 현장을 들키면
심한 수치심을 느낀다.
'모욕'의 상처를 지닌 사람은
특히 다른 누구보다 더 자주 수치심을 느낀다.

여기서 잠깐 '수치심'과 '죄의식'의 차이를 짚어보자. 우리는 자신이 한 일이나 혹은 하지 않은 일이 옳지 않다고 생각할 때 죄의식을 느낀다. 반면 수치심은 자신이 한 행동이 그 상황에 적절하지 않았다고 판단할 때는 느끼는 감정이다. 즉 죄의식은 행위에 대한 느낌이며 수치심은 자신에 대한 느낌이다.

수치심의 반대는 '자긍심'이다. 자긍심을 못 느낄 때 우리는 부끄러워지고 자신을 탓하여 숨고 싶어진다. 죄의식을 느낄 때 반드시 수치심을 느끼지는 않지만 수치심은 늘 죄의식을 동반한다.

사서 욕먹는 사람들

'마조히스트'가 늘 남을 도우려는 진짜 이유는 자신을 구속하는 제약과 의무를 만들기 위해서다. 그들은 남을 위해 일하면 부끄럽지 않으리라고 믿지만 사실은 사람들에게 이용당한다는 생각 때문에 굴욕감을 느낀다. 또 남들이 자신에게 고마워한다고 느끼는 일도 없다.

'마조히스트' 여성들은 자주 "내가 이 집 하녀야? 어떻게 맨날 나만 부려먹어. 이젠 정말 참을 수 없어!"라고 투덜댄다. 그러나 말만 할 뿐 문제를 개선할 생각은 없다. 그런 상황을 만든 것은 다름 아닌 자신이라는 사실을 깨닫지 못하기 때문이다. 어떤 '마조히스트' 남성은 "30년 넘게 혹사시켜 놓고 이제 와서 쓰레기처럼 버리다니, 이런 회사가 세상에 어디 있어?"라며 한탄했다. 그들은 스스로를 헌신적이라고 생각하지만 남에게 제대로 인정받지 못한다.

'하녀처럼 부려먹다', '쓰레기처럼 버리다'라는 말과 같이, 그들의 언어에는 은연중에 굴욕감이 스며 있다.

마조히스트는 남을 도우면서 자신의 가치를 떨어뜨리고
동시에 타인에게도 수치심을 안긴다.
그들이 없으면 혼자서는 아무것도 할 수 없는 사람처럼
느끼게 만들기 때문이다.

게다가 '마조히스트'는 대개 당사자 앞에서 자신의 존재가 필요하다는 사실을 확인받고 싶어 하므로 상대방은 이중으로 수치심을 느끼게 된다.

하지만 그들은 가까운 이들의 인생에서 자신이 큰 자리를 차지하고 있다는 사실을 인정하고 싶어 하지 않는다. 사실 본인도 깨닫지 못하는 사이 상당히 교묘하게 상대방에게 비집고 들어가 있기 때문이다. 하지만 이 정도 자리는 차지해야 한다는 그의 속마음에 반응하여 몸은 점점 더 살이 찐다. 믿음을 몸이 표현하는 것이다. 정말 자신이 중요하고 특별한 존재라고 느낀다면 굳이 몸과 행위로 이를 증명할 필요가 없다.

엄마라는 영원한 굴레

'마조히스트'는 관리자처럼 무엇이든 감독하고 통제하고 싶어 한다. 자신과 가족이 수치심을 느끼지 않도록 하기 위해서다. 이런 종류의 통제는 5장에서 다룰 '배신의 상처'를 지닌 '지배하는 사람'의 경우와 분명히 다르다. '마조히스트'인 엄마는 아이와 남편의 옷이나 외모, 청결 상태를 관리하려고 애쓴다. 그녀는 늘 자기 아이가 깨끗한 상태로 있도록 감독하면서 뜻대로 되지 않으면 엄마 자격이 없다고 부끄러워한다.

남성이든 여성이든 그들은 엄마와 일체가 되려는 욕구가 강해서 그녀가 자신을 창피해하지 않도록 최선을 다한다. 또 엄마는 엄마대로 '마조히스트'인 아이에게 무의식적이지만 절대적인 지배력을 행사한다. 아이는 엄마를 등에 진 짐처럼 느끼므로 그녀를 떠받치기 위해 자신의 등을 튼튼히 단련한다. 설사 엄마가 세상을 떠나더라도 엄마의 지배력은 사라지지 않는다. 그러나 엄마의 구속에서 벗어난 대부분의 '마조히스트'는 안도의 한숨을 쉰다. 그런 자신이 너무나 부끄럽지만 짐을 벗은 홀가분함과 자유를 만끽한다. 그들이 지닌 '모욕'의 상처는 엄마의 영향력을 끊어내야만 치유될 수 있다.

또 다른 '마조히스트'는 자유는커녕 '광장공포증'* 때문에 심각한 발작을 일으킨다. 엄마와 다시 하나가 되고 싶은 열망이 너무나 강하기 때문이다. 유감스럽게도 그들의 증상은 우울증으로 오해를 받기 쉬워서 회복하는 데 상당한 시간이 걸린다.

지켜야 하는 비밀과 '닫힌 목구멍'

'마조히스트'는 자신의 욕구와 느낌을 제대로 표현하지 못한다. 어릴 때부터 자기와 가족들이 창피를 당할까 봐 의견 따위는 감히 입에 담지 못한 채 살아왔기 때문이다. 일반적으로 '마조히스트' 아이의 부모는 절대 남에게 집안일을 이야기하지 말라고 끊임없이 주의를 준다. 아이는 모든 일을 자기 마음속에 쌓아둔다. 집안의 수치는 비밀로 지켜져야 한다. 예를 들어 교도소에 간 삼촌이나 정신병원에 입원한 숙모, 게이 형, 자살한 누나 이야기는 결코 입 밖에 내서는 안 되는 것이다.

상담을 하던 남성 H는 힘들게 어릴 적 이야기를 털어놓았다. 그

---

* 광장공포증(agoraphobia)에 대해서는 '버림받음'의 상처와 '의존하는 사람'의 가면을 다룬 3장에서 자세히 설명했다.

의 목소리는 몹시 쉬어 있었고 말할 때마다 불편해 보였다. H는 어릴 적 엄마 지갑에 손을 대 엄마를 슬프게 한 일이 견딜 수 없이 부끄럽다고 했다. 자식들 먹여 살리느라 고생하는 엄마를 아프게 하다니 도저히 자신을 용서할 수 없다는 것이다. 너무 수치스러워 지금까지 아무에게도 말할 수 없었다고 했다. 그는 아마 이런 종류의 비밀을 수없이 많이 껴안고 있을 것이다. 그 때문에 늘 목구멍이 막힌 듯이 아프고 목소리도 제대로 나오지 않았던 것이다.

많은 사람들이 가난한 형편에 한 푼이라도 아끼려고 아등바등하는 엄마를 뻔히 보면서 장난감이나 옷가지가 갖고 싶었던 자신이 너무나 부끄러웠다고 털어놓았다. 그들은 자신이 원하는 것을 누구에게도 말하지 못했다. 특히 엄마에게는 도저히 말할 수 없었다. 대부분의 '마조히스트'는 엄마를 괴롭게 만들까 봐 점점 더 자신의 욕구를 표현하지 않는다. 그리고 엄마를 기쁘게 해주고 싶은 나머지 그녀가 좋아할 만한 것만 요구하게 된다.

스스로 모욕하는 습관

'마조히스트'는 대개 신경과민이라서 아주 사소한 일에도 영향을 받는다. 그래서 절대 남에게도 상처주지 않으려 신경 쓴다. 누군가, 특히 사랑하는 사람이 기분이 안 좋으면 다 자기 탓이라고 생각한다. 늘 남의 눈치만 살피느라 자기 자신은 뒷전이다.

'마조히스트'는 자신의 욕구와 필요를 알아도 신경 쓰지 않는다. 그런 면에서는 다섯 가지 가면 중에 따라올 자가 없다. 자신의 욕구를 소홀히 해서 스스로를 괴롭히고 '모욕'의 상처를 키워 '마조히스트'의 가면을 계속 유지하는 것이다. 그는 남에게 도움이 되는 사람이 되려고 최선을 다한다. 그렇게 해야 상처를 숨기고 모욕 때문에 고통받지 않을 수 있다고 믿기 때문이다.

'마조히스트'는 자신을 웃음거리로 만들어 남을 즐겁게 하는 것이 장기다. 자신의 멍청한 실수담을 신이 나서 떠들어댄다. 스스로를 모욕하는 무의식적인 행동이다. 그의 말과 행동 속에 가려진 수치심에 대한 두려움을 알아차리는 이는 많지 않다.

'마조히스트'는 사소한 비판에도 모욕당했다고 느끼고 우울해한다. 자기 가치를 떨어뜨리는 데는 원래 뛰어나지만 비판을 받으면 실제보다 더 쓸모없는 인간이라고 여긴다. 그에게 남들이 자신을 특별하고 중요한 존재로 여기는 일 따위는 도저히 있을 수 없다.

작다 vs. 크다

그들은 '작다'라는 뜻을 가진 단어들을 많이 쓴다. 예를 들어 '조금만 시간을 내주실 수 있나요?', '제 좁은 소견으로는', '별것 아니지만'과 같이 말한다. 글씨도 아주 작게 쓰고 보폭도 좁으며 차도 작은 경차를 좋아한다. 비좁은 집에 살면서 자잘한 물건들을 장식해놓고 새 모이 먹듯 아주 조금씩 먹는다. 만일 당신이 지금까지 살펴본 '마조히스트'의 특징을 갖추고 있다면 가까운 사람에게 자신의 말투를 물어보자. 아마 이런 단어들을 자주 쓰고 있을 것이다.

'마조히스트'가 '크다'는 뜻의 단어를 쓸 때는 자신의 가치를 떨어뜨리거나 창피를 주기 위해서다. 여성의 경우 늘 그렇듯 음식을 먹다가 가슴 부근에 흘리면 "쓸데없이 가슴만 커서 맨날 이 꼴이라니까." 하고 혀를 찬다. 어느 파티에서 '마조히스트'인 여성과 만났는데 옷차림이 아주 근사하고 액세서리도 화려했다. 내가 "정말 멋지시네요!"하고 칭찬하자 그녀는 멋쩍은 듯 이렇게 말했다.

"엄청 사치스러운 여자로 보이지요?"

'모욕'의 상처로 괴로워하는 사람은 무슨 일이든 자신을 탓하고 남의 책임까지 뒤집어쓰려고 한다. 그렇게 해야 좋은 사람이 된다고 믿기 때문이다. 어떤 '마조히스트' 남성은 부인이 자기 탓을 하면 무슨 일이든 다 자기 잘못 같다고 털어놓았다. 어느 날 그는 부인이 적어준 목록을 가지고 장을 보러 갔는데 그날따라 매주 사는 생필품을 부인이 깜빡 잊고 적지 않았다. 장보기를 마친 남편은 목록을 버리고 집으로 돌아왔다. 물건이 빠진 걸 발견한 부인이 "어떻게 매주 사는 건데 잊어버려?"라며 화를 내자 남편은 자신의 멍청함을 탓했다. 하지만 사실은 부인이 자신의 실수를 깨닫고 미안한 마음에 오히려 나무랐을 뿐이었다. 설령 부인이 솔직하게 "내가 깜빡했네. 미안해."라고 말했더라도 남성은 기억하지 못한 자신을 탓했을 것이다.

비슷한 처지에 놓인 '마조히스트' 여성의 사례도 살펴보자. 남편은 운전을 하고 부인은 조수석에 탄 채 드라이브를 떠났다. 남편이 자기 질문에 대답하는 아내를 보느라 핸들을 잘못 꺾어서 사고가 나버렸다. 그는 "당신이 말을 거는 바람에 사고가 났잖아!" 하고 부인을 탓했다. 부인도 자신을 질책했다. 상담 도중 내가 "정말 남편 말대로 당신이 나빴나요?"라고 묻자 그녀는 "아니요."라고 말했다. 사실은 자기 잘못이 아니라는 것을 그녀도 잘 알고 있었다. 하지만 남편이 '네 잘못'이라고 말했기 때문에 그렇게 믿어버린 것이다.

이런 사례를 보면 '마조히스트'가 습관처럼 자기 책임도 아닌 일까지 떠안고 스스로를 탓한다는 사실을 확인할 수 있다. 하지만 남의 책임을 떠안고 사과한다고 해서 상황이 개선되지는 않는다. 그런 상황이 또 닥치면 '마조히스트'는 분명히 자신을 탓할 것이다. 자신의 행동을 깨닫지 못하면 상황은 영원히 되풀이될 수밖에 없다.

기억하자.
아무도 우리에게 죄의식을 느끼게 할 수 없다.
그것은 오직 우리 내면에서 우러나는 것이다.

'마조히스트'는 사랑하는 사람이나 가까운 사람과 함께 있으면 종종 무력하다고 느낀다. 그런데다 그들이 자신을 비난하면 ― 사실은 무의식적으로 자신이 그런 상황을 만들지만 ― 어떻게 반박해야 할지 몰라 멍하니 있을 뿐이다. 결국 그들은 자신을 탓하다 괴로운 나머지 그 자리를 떠나버린다. 자신의 행동을 합리화할 변명을 떠올리고 안정을 되찾기 위해서다. 즉 죄의식을 느끼고 상황을 해결할 책임이 자기에게 있다고 생각한다.

'마조히스트'만이 죄의식을 느끼는 것은 아니다. 다섯 가지 가면을 쓴 사람은 각각 서로 다른 이유로 죄의식을 느낀다. 단 '마조히스트'는 남들보다 수치심을 느끼기 쉬우므로 남의 눈치를 살피고 더 자주 죄의식을 느끼곤 한다.

2
자기희생이라는
달콤한 독

자유로부터의 도피

'마조히스트'에게 자유는 중요한 의미를 가진다. 그에게 자유란 아무에게도 빚진 것 없이 변명할 필요도 없으며, 구속되지 않은 채 좋아하는 일을 하고 싶을 때 할 수 있는 상태다. 어렸을 때부터 '마조히스트'는 자유롭지 않다고 생각한다. 특히 부모와 함께 있을 때는 구속받는 느낌을 강하게 받는다. 부모는 그가 자유롭게 외출하거나 친구 집에 놀러가지 못하게 했고, 강제로 동생을 보살피거나 집안일을 돕도록 했다. 물론 '마조히스트'는 남이 강요하지 않아도 스스로 온갖 의무를 만들어내는 사람이라는 사실을 잊어서는 안 된다.

그들은 아무에게도 방해받지 않으며 자유롭다고 생각되면 인생을 제대로 즐길 수 있는 사람들이지만, 대부분 그 선을 넘어버린다. 그들은 너무 많이 먹고 마시며, 너무 많이 사고, 남을 무리하게 돕는다. 일도 과도하게 하고 말도 지나치게 많다. 마치 고삐 풀린 망아지처럼 한계를 모른다. 그러다가 남의 눈을 의식하면 부끄러워하기 시작한다. 때문에 제약 없는 상황에 놓이는 것을 굉장히 두려워한다. 틀림없이 부끄러운 짓을 저지를 것이라고 믿기 때문이다. 게다가 어릴 적 다른 사람들을 돌보지 않아서 느꼈던 수치심이 새록새록 떠오르며 자기 일만 신경 쓰면 남에게 도움이 될 수 없다고 생각한다.

이런 무의식적인 억압 때문에 '마조히스트'의 몸은 에너지가 막혀 순환이 잘 되지 않는다. 만일 수치심이나 죄의식 없이 완전히 자유로워져서 좋아하는 일을 하고 싶을 때 할 수 있다면, 막힌 부분이 모두 뚫려서 금방 날씬해질 것이다. 그 정도로 '마조히스트'는 몸속에 에너지를 가두고 있다.

결국 '마조히스트'가 가장 두려워하는 것은 자유다.
자유로워지면
자신이 무슨 짓을 저지를지 몰라 두렵기 때문이다.

그러므로 무의식중에 자유로워지지 않도록 애쓴다. 결국 본인이 스스로를 억압하는 셈이다. 어디까지나 자신의 결정이므로 남에게 지배당하지 않는다고 생각하지만, 더 많은 제약과 의무를 만들어 자기 바람과는 정반대의 결과를 초래한다. 즉 자유를 구속당한 채 살아가는 것이다.

'마조히스트'는 사랑하는 사람들을 모두 보살피면 자유를 지킬 수 있다고 간주한다. 그렇게 자신이 주변 상황을 지배한다고 믿지만 사실은 스스로를 가두고 있을 뿐이다. 몇 가지 예를 들어보자.

- 어떤 남자가 애인을 여러 명 만들었다. 한 여자에게 매이지 않고 자유롭게 연애하고 싶었기 때문이다. 그런데 애인들을 한 명씩 다 만나서 시간을 보내고 또 서로 눈치 채지 못하게 신경 쓰느라 아무것도 할 수 없는 지경이 되었다.

- 어떤 남편은 독재자 같은 부인과 함께 집에 있자니 교도소에 갇힌 죄수처럼 괴로웠다. 그래서 퇴근해도 밖에서 시간을 보낼 수 있도록 몇 가지 부업을 시작했다. 자유로워졌다고 생각했지만 일하느라 바빠서 정작 자기를 위한 시간도 아이와 함께 보낼 시간도 사라져버렸다.

- 한 여성은 이혼한 뒤 독신 생활의 자유를 만끽하려고 집을 장만했다. 그런데 여기저기 손볼 곳이 너무 많고 다 자기 혼자 처리해야 하므로 자유로움을 느낄 겨를도 없어졌다.

이처럼 '마조히스트'는 한 영역에서 자유로워지려고 애쓰면 다른 영역에서 발목을 잡힌다. 자기와 아무 상관없는 번거로운 책임을 떠안는 상황을 끊임없이 끌어들인다. '일을 만드는' 사람들인 것이다.

죄를 짓자마자 벌하는 비범한 능력

'마조히스트'의 또 다른 특징은 상대방을 벌하려다가 오히려 자기가 벌받는 꼴이 되는 경우가 많다는 것이다. 어떤 부인의 이야기다. 그녀는 툭하면 남편과 말다툼을 벌였다. 남편이 하루가 멀다 하고 친구들과 술 마시고 노느라 부인을 혼자 내버려두었기 때문이다. 어느 날 여느 때처럼 남편과 외출하니 마니로 다투다가 그녀는 '한 번은 본때를 보여줘야지!' 하고 이렇게 말했다.

"집에 있는 게 그렇게 싫어? 그럼 나가! 나가면 되잖아!"

그러자 남편은 기다렸다는 듯이 외투를 집어 들고는 그 길로 나가버렸다. 그녀는 결국 홀로 남겨졌다. 부인은 남편을 벌주었다고 생각하지만 실상은 다시 혼자가 된 자신이 벌을 받은 셈이다. 남편이야 허락도 받았겠다, 신나게 친구들을 만나러 갔을 것이다. 가엾게도 부인에게는 정말 최고의 '마조히스트'가 되기 위한 방법이었던 셈이다.

'마조히스트'는 다른 사람은 생각도 하기 전에
미리 자신을 벌하는 능력이 비범하다.
마치 회초리로 맞기 전에 미리 고통에 익숙해지려고
스스로 때리는 식이다.

특히 자신이 부끄러울 때 혹은 남 앞에서 창피당하고 싶지 않을
때 그런 상황을 만들어낸다. 또 자신을 기쁘게 하는 일에 몹시 서
툴다. 어떤 일을 하다가 기분이 좋아지면 두고두고 그때 즐긴 것을
탓한다. 혹여 남들이 얌체처럼 자기만 즐겼다고 생각할까 봐 두려
워하기도 한다. 자기도 충분히 즐거워할 권리가 있다는 생각을 도
저히 할 수 없는 그들은 자신의 기쁨을 탓한다. 그리고 그들의 몸
은 그 기회를 놓치지 않고 점점 더 살을 찌운다.

어느 젊은 엄마가 해준 이야기를 잊을 수 없다. 아이 둘을 키우
는 그녀는 말했다.

"전 제가 즐거운 꼴을 못 보는 것 같아요. 무얼 해도 재미있게 느
끼지 않으려고 애쓰거든요."

그녀는 또 이렇게 덧붙였다.

"저녁이면 남편과 애들이 거실에서 텔레비전을 보는데 가끔 지
나다가 저도 볼 때가 있어요. 그런데 아무리 재미있어도 절대 앉아
서는 보지 않아요. 소파에 편히 기대서 텔레비전이나 보다니, 제대

로 된 엄마가 아니라는 생각이 들거든요."

이 젊은 엄마처럼 '마조히스트'에게 의무감은 굉장히 중요한 의미를 지닌다.

기꺼이 희생양이 되는 사람들

'마조히스트'는 종종 두 사람 사이를 조정하는 일을 맡는다. 인간관계의 쿠션 역할이라고 할 수 있는데 이것이 또 '마조히스트'가 살이 찔 수밖에 없는 이유다. 다양한 상황에서 '마조히스트'는 희생양이 된다. 예를 들어 '마조히스트'인 엄마는 아빠와 아이, 아이와 선생님, 또는 동네 아줌마들 사이에서 일어난 문제에 개입한다.

회사에서 '마조히스트'는 동료들이 편하고 즐겁게 일할 수 있도록 모든 것을 관리하고 조정하는 업무를 선택한다. 그렇지 않으면 남을 위해서 아무것도 하지 않았다고 탓하고 타인의 불행이 모두 자기 책임인 양 부끄러워한다. 그러나 냉정히 말하자면 그는 남들이 각자 자신의 책임을 다할 수 있는 기회를 빼앗아버린 셈이다.

나라는 부끄러운 존재를 혐오하다

'마조히스트'는 자신에게 창피를 줄 사람이나 상황을 끌어당기는 데 특별한 재주가 있다. 예를 들어보자.

- '마조히스트' 여성은 술주정이 고약해서 사람들 앞에서 자신을 망신 주는 남성을 곁에 둔다.

- '마조히스트' 여성은 자기 눈앞에서도 끊임없이 다른 여자에게 치근덕대는 바람둥이를 끌어당긴다.

- '마조히스트' 남성은 직장 동료 앞에서 무례하게 행동하는 여자친구를 곁으로 끌어당긴다.

- '마조히스트' 여성은 생리혈이 새거나 소변을 참지 못해서 옷을 더럽힌다.

- '마조히스트'는 여러 사람이 함께 식사할 때 자주 음식을 흘려서 옷을 더럽힌다. 남성은 넥타이, 여성은 가슴 주변에 주로 음식을 흘린다. 여성은 그럴 때마다 "가슴이 너무 커서 늘 이렇다니까." 하고 변명을 한다. 상처 때문에 스스로 그런 상황을 만들어낸다는 사실을 전혀 알아차리지 못한다. 수많은 '마조히스트' 여성이 이렇게 말한다. "세상에 이런 멍청이! 넌 도대체 어떻게 생겨먹은 애니?" 가슴의 얼룩을 지우려고 애쓸수록 점점 더 번질 뿐이다.

- 한 남성이 정리해고를 당하고 실업수당을 받으려고 구청을 찾았다. 창구 앞에 줄을 서 있는데 한때 자기 밑에서 일하던 직원이 자신을 보고 있는 게 아닌가! 그는 당장 숨을 곳을 찾는다.

'마조히스트'의 가면을 쓴 사람만이 이런 상황에서 '모욕당했다'고 느끼고 괴로워한다. 다른 가면을 쓴 사람들은 같은 처지가 되면 거부당했다거나 버림받았다, 배신당했다, 부당한 대우를 받았다고 느끼고 괴로워할 것이다.

반드시 기억하자.
우리를 아프게 하는 것은 경험이 아니다.
경험에 대한 반응이다.
상처 때문에 겪는 경험을 둘러싼 우리의 반응이
스스로를 괴롭히는 것이다.

'마조히스트'는 자주 '혐오스럽다'는 감정을 느낀다. 그들은 자신에게 넌더리가 나고 또 타인을 혐오스러워할 만한 상황을 자주 만들어낸다. 그런 상황에 부딪혔을 때 그들의 첫 번째 반응은 거부다. 나는 부모를 혐오하는 '마조히스트'들을 많이 만났다. 게으르고 천박하며 뒤룩뒤룩 살찐 엄마를 혐오하는 '마조히스트', 알코올 의존증에 골초에 바람둥이인 아버지를 혐오하는 '마조히스트'. 아무리 어린애였어도 그들은 차마 친구를 집에 데리고 올 수 없었다. 그래서 또래보다 늘 친구가 적었다.

'마조히스트'는 자신의 욕구에는 관심이 없으며 자기를 위해서라면 결코 하지 않을 일도 남을 위해서라면 물불 가리지 않는다. 예를 들어보자.

- 한 아버지는 자기 집 도배할 시간은 없다면서 아들이 사는 원룸의 도배는 열심히 돕는다.

- 어떤 여성은 손님이 올 때만 집 청소를 한다. 사실 깔끔하고 정돈된 공간을 좋아하지만 자신을 위해 청소하지는 않는다. 자기가 그 정도로 중요한 존재라고 생각지 않기 때문이다.

- 한 여성은 남들이 알아주는 멋쟁이지만 누구를 만나거나 외출할 때만 제대로 차려입는다. 혼자 있을 때는 늘 후줄근한 차림이라서 갑자기 손님이라도 찾아오면 창피해서 도망가고 싶을 정도다.

어떤 상처든 우리는 자신의 상처를 보지 않으려고 애쓴다. 상처의 존재를 인정하면 그로 인해 겪어야 할 고통이 두려워서다.

'마조히스트'는 상처를 보지 않기 위해 어떻게든 가치 있는 존재가 되려고 애쓴다. 실제로 '~할 가치가 있다'든지 '~할 가치가 없다'

와 같은 표현을 자주 사용한다. '마조히스트'는 스스로를 가치 없는 존재로 여긴다. 사랑받을 가치가 없다거나 인정받을 가치가 없다고 생각한다. 그러므로 자신은 기쁨을 누릴 만한 자격이 없으며 괴로워해야 마땅하다고 믿는다. 그리고 이 모든 상황을 본인은 전혀 의식하지 못한다.

섹스, 더러운 기쁨

'마조히스트'들은 대개 성생활이 원만하지 않다. 섹스를 수치스럽게 생각하는 탓이다. 보통의 아이들은 성교육을 통해 섹스에 관한 금기를 배우지만, '마조히스트' 아이들은 특히 섹스는 부끄럽고 더러우며 죄스러운 것으로 믿고 자란다. 예를 들어보자.

한 아이가 미혼모의 아이로 태어났다. 엄마가 아이를 '부끄러운 존재'로 생각하자마자 갓 태어난 아이의 상처가 눈을 뜨기 시작한다. 이렇게 너무 이른 시기에 상처가 깨어나면 어른이 된 이후까지 심각하게 영향을 미친다. 엄마는 임신을 안 순간부터 자신의 불장난을 후회했을지 모른다. 그러면 아이는 엄마 배 속에 있을 때부터 섹스를 부정적으로 느낀다.

옛날에 비해 분명 지금은 섹스에 대해 훨씬 자유로워졌다. 하지만 표면적인 변화를 착각해서는 안 된다. 오랜 세월동안 섹스는 부끄럽고 숨겨야 하는 행위라는 믿음이 세대를 거쳐 이어졌다. 우리가 '모욕'의 상처를 치유하지 않는 한 그 잘못된 믿음은 결코 사라지지 않는다.

오랜 경험을 통해 깨달은 점이 있다. 바로 '모욕'의 상처를 지닌 사람의 가족들은 모두 섹스에 관해 치유를 필요로 하는 경우가 많다는 사실이다. 우리 모두가 그렇듯, 그들 역시 서로 같은 상처를 지닌 영혼을 찾아 가족으로 만났기 때문이다.

'마조히스트'인 젊은 여성들은 사춘기 무렵부터 엄마에게 섹스는 혐오스러운 짓이라고 배운다. 그들은 섹스에 엄격한 동성 부모가 창피스러울 만한 짓을 하지 않으려고 늘 조심한다. 이후 성인이 되어서는 정상적인 성생활을 위해 자신의 잘못된 '믿음'을 없애려고 상담을 받는 지경에 이르기도 한다.

한 젊은 여성이 십대 시절의 경험을 털어놓았다. 열네 살 때 학교에서 한 남자아이가 자기 몸을 만지고 키스를 했는데 그것이 너무 수치스러웠단다. 그리고 다음 날 학교에 가니 반 아이들이 모두 그 사실을 알고 뒤에서 쑤군대는 것 같아서 더 괴로웠다고 했다.

얼마나 많은 소녀들이 생리가 시작되었을 때, 젖무덤이 부풀어 오르기 시작했을 때 수치심을 느꼈을까? 커지는 가슴을 감추기 위해 붕대로 동여매는 아이가 있을 정도다.

'마조히스트'인 남자아이도 성적인 부분에서는 통제당한다고 느낀다. 자위행위를 할 때마다 엄마에게 들킬까 봐 조마조마한 마음에 이 더러운 짓을 그만두어야겠다고 결심하지만, 그럴수록 더 하고 싶어지는 충동을 참을 수 없다. 이런 남자아이는 언젠가 부모나 친구들 앞에서 섹스와 관련해 창피당할 상황을 스스로 만들게 된다.

일반적으로 여자아이나 그 엄마들이 더 심한 수치심을 느낀다. 섹스가 더럽고 부끄러운 짓이라고 생각할수록 유년기나 사춘기에 남보다 더 자주 치한을 만나고 성추행과 학대를 당할 수 있는데, 그런 경험이 너무 부끄러워 아무에게도 털어놓지 못한다.

몇 명의 '마조히스트' 여성은 사춘기 무렵 용기를 내서 엄마에게 성적 학대나 근친상간을 당한 사실을 털어놓았다. 하지만 엄마의 반응은 뜻밖이었다. "그러니까 처신을 똑바로 했어야지! 맨날 짧은 치마나 입고. 네가 꼬리 친 거나 마찬가지야!"라거나 "절대 이번 일로 말썽부릴 생각하지 마!"라고 말한 것이다. 이런 엄마의 반응은 딸에게 지독한 모욕감과 수치심, 그리고 죄의식을 불러일으킬 뿐이다. 어떤 여성이 허리나 아랫배, 엉덩이 즉 성기 주변에 유달리 살이 많이 쪘다면 성적 학대를 당한 경험 때문에 성에 대한 공포가 심하다는 것을 짐작할 수 있다.

성적 욕망이 깨어나는 사춘기 무렵 많은 청소년들이 갑자기 살찌는 현상은 그다지 놀라운 일이 아니다. 그들은 자신이 성욕의 대상이 되지 않도록, 그래서 성적으로 모욕당하는 일이 없도록, 혹은 무의식적이지만 스스로 성적인 기쁨을 느끼지 못하도록 살이 찌는 것이다.

정말 많은 여성들이 이렇게 말한다. "만일 내가 좀 더 날씬해서 매력이 넘쳤으면 틀림없이 여러 남자랑 바람피웠을 거야.", "내가 더 섹시한 옷을 입으면 우리 남편 질투하느라 맘고생 좀 할 걸?" 경험적으로도 뚱뚱한 사람들은 남성이든 여성이든 상당히 관능적이다. 단 자신은 기쁨을 누릴 자격이 없다고 생각하므로 스스로 성적인 즐거움을 느끼지 못하게 금지하는 것이다.

'마조히스트'는 관능적인 동시에 성적 욕구도 강하다. 그들이 만일 타고난 본성대로 살 수 있고 자신의 욕망을 솔직히 느낄 수 있다면 분명히 더 자주 섹스를 즐길 것이다. 그러므로 '모욕'의 상처를 지닌 사람들은 차마 부끄러워 말은 못하지만 성에 관해 수많은 환상을 품고 있는지도 모른다.

많은 여성들이 성욕을 느껴도 배우자나 애인에게 말할 수 없다고 털어놓았다. 자신의 만족을 위해 상대방을 유혹하다니 말도 안 된다고 생각하기 때문이다.

'마조히스트'인 남성들도 대개 자신이 원하는 대로 성생활을 즐기지 못한다. 너무 소심해서 자연스럽게 행동할 수 없거나 뭐에 홀린 듯 섹스에 집착하기도 한다. 발기부전이나 조루에 시달리는 경우도 있다.

'마조히스트'인 여성은 자신이 섹스를 좋아한다는 사실을 받아들이고 이상적인 배우자를 만나도 성생활을 마음껏 즐기지 못한다. 수치스러워서 어떻게 하고 싶은지 상대에게 요구하지도 못하고 오르가슴을 느껴도 소리를 내지 못한다. 신음소리라도 냈다가는 자신이 얼마나 섹스를 좋아하는지 상대방이 알아차릴까 봐 두렵기 때문이다.

종교적인 '고해' 행위도 성적 수치심을 키우는 요인이다. 특히 젊은 여성이 남자인 신부에게 자신의 구체적인 성생활을 고백해야 하므로 고통스러운 시간이다. 또 자신이 섹스에 대해 품은 '나쁜' 생각도 털어놓아야 한다. 특히 '마조히스트'인 젊은 여성이 혼전 성교에 대해 고백하는 일이 얼마나 곤란하고 부끄러울지 상상만 해도 그녀들이 가엾어진다.

독실한 신자라면 자신을 늘 지켜보시는 하느님을 실망시켜서 부끄럽고 죄스럽다고 느낀다. 하늘에 계신 신뿐 아니라 땅 위에 있는 신부에게까지 그런 수치스러운 일을 고백해야 하다니, 깊숙이 찍힌 모욕의 낙인을 지우려면 아주 오랜 세월이 필요할 것이다.

'마조히스트'는 남성이든 여성이든 파트너에게 처음으로 알몸을 보이기까지 많은 어려움을 겪는다. 남에게 나체를 보이는 것이 부끄러워 견딜 수 없기 때문이다. 하지만 한 번 그러고 나면 족쇄가 풀린 것처럼 거리낌이 없다. 사실 '마조히스트'야말로 벗은 채로 돌아다니는 것을 가장 좋아한다. 자유롭다고 느끼기 때문이다.

'마조히스트'는 섹스를 '더러운 짓'이라고 여기지만 그들 자체가 관능적인 사람이라 더 '더러운 짓'을 하고 싶어 한다. 이런 이율배반적인 생각은 같은 '마조히스트'가 아니면 이해할 수 없다. 사실 모든 상처가 그렇다. 그 상처를 경험한 사람이 아니면 그로 인한 고통은 누구도 이해할 수 없다.

3

'마조히스트'가 가진
몸과 마음, 그리고 상처

살집이 두둑한 몸을 움추리고 부끄러워하다

'마조히스트'는 몸을 보면 금방 알 수 있다. 짐을 너무 많이 짊어
져서 등이 아프고, 목을 움츠리고 있어서 어깨가 불룩 솟아 보인다.
'마조히스트'의 옷차림을 보면 ─ 차마 인정하기 어렵지만 ─ 그들
에게 외모는 굉장히 중요한 요소다. 단 자신은 고통을 당해야 마땅
하다고 믿고 있으므로 멋진 옷차림을 스스로 금지할 뿐이다.

'마조히스트' 여성이 울룩불룩한 뱃살이 다 드러나는 옷을 입었
다면 상처가 심각한 것이다. 일부러 그런 옷을 입어서 자신을 더
창피하게 만들고 괴롭히고 있으니 말이다. 한편 자기 몸에 어울리
는 멋진 옷들을 입기 시작했다면 상처가 아물고 있다는 표시다.

'마조히스트'는 흔히 자신을 돼지처럼 뚱뚱하고 불결하며 매정
하고 남보다 못한 존재로 느낀다. 그래서 살이 찌기 쉽고 또 그런

자신의 몸을 부끄러워한다. 그들은 자신에게 수치심을 안길 몸을 만드는 것이다.

살찐 몸은 근육질의 몸과 전혀 다르다. 정상 체중보다 20킬로그램 초과해도 근육 양이 많으면 뚱뚱하지 않고 단단하고 힘이 있어 보인다. 하지만 '마조히스트'는 과도한 지방 때문에 몸이 전체적으로 둥글둥글하고 뒤에서 봐도 살찐 태가 난다. 반면 근육질 몸은 건장하지만 옆에서 보면 날씬하고 뒷모습도 전혀 살쪄 보이지 않는다. 남성이든 여성이든 마찬가지다.

'마조히스트'는 대개 키가 작달막한 편이며 목은 살집이 많고 두껍다. 뒷목이 뻣뻣하고 목구멍은 늘 막힌 듯하다. 턱과 골반이 불룩 튀어나왔다. 둥근 얼굴에 아이처럼 큰 눈은 순진하게 깜빡거린다. 이런 신체적 특징을 모두 갖춘 사람은 '모욕'의 상처가 상당히 심각하다고 볼 수 있다. 몸의 일부, 예를 들어 배나 엉덩이 혹은 가슴에만 살이 찐 경우 상처는 그렇게 심하지 않다.

꼭꼭 숨은 상처

'모욕'의 상처는 다른 어떤 상처보다 알아차리기 어렵다. 지금까지 몇 백 명이나 되는 '마조히스트', 특히 '모욕'의 상처가 뚜렷한 여성들을 개별적으로 상담해왔다. 그중 일부는 자신이 창피를 당했고 모욕을 느낀다는 사실을 인정하기까지 1년도 넘는 시간이 걸렸다. 만일 당신이 '마조히스트' 특유의 몸을 가졌는데 '모욕'의 상처를 찾지 못한대도 당황할 필요 없다. 꼭꼭 숨은 상처가 드러날 때까지 참을성 있게 기다리면 된다.

'마조히스트'는 무엇이든 빠른 것을 좋아하지 않는다. 필요한 경우에도 민첩하지 못하고 굼뜬 자신을 창피해한다. 예를 들어 남들과 함께 걸을 때 자기 걸음만 느려서 부끄러워한다. 이런 사람들은 본인의 속도에 맞추어 행동할 수 있도록 너그럽게 이해해주어야 한다.

어떤 사람들은 체중을 엄격히 조절해서 '마조히스트'라는 사실을 교묘하게 숨긴다. 조금만 신경 쓰지 않으면, 즉 식사량을 제한하지 않으면 금방 살이 찌는 사람은 '모욕'의 상처를 입었을 가능성이 높다. 상처가 일시적으로 가려졌을 뿐이다. 스스로 엄격하게 통제하는 사람에 대해서는 6장 '부당함'의 상처를 입은 '완고한 사람'의 가면에서 자세히 살펴보자.

'마조히스트'는 남에게 휘둘리지 않는 강인한 인간으로 보이려고 과도하게 업무를 맡아 성과를 올린다. 더욱 많은 책임을 짊어질 수 있게끔 등 근육을 튼튼하게 발달시킨다. 어떤 여성은 남편을 기쁘게 하려고 홀로 된 시어머니를 모시겠다고 먼저 제안했다. 세월이 흘러 늙은 시어머니가 병에 걸리자 시댁 식구들도 있는데 자신이 간병하겠다고 나섰다. '마조히스트'는 이처럼 남의 책임까지 떠안아야 하는 상황을 만드는데, 그 결과 자기를 돌보는 일은 점점 소홀해지고 더 많은 짐이 등을 짓누른다. 그 무게를 견디기 위해 체중도 점점 늘어나는 것이다.

모욕의 상처가 만드는 병

지금까지 살펴본 '마조히스트'의 특성을 보면 '모욕'의 상처가 그들의 의사소통에 심각한 문제를 일으킨다는 사실을 알 수 있다. '모욕'의 상처를 입은 사람은 다음과 같은 두려움 때문에 자신의 요구나 생각을 분명하게 표현하지 못한다.

- 상대방을 상처 입히지 않을까?
- 자기 일만 먼저 챙긴다고 이기적이라고 비난받지 않을까?
- 나의 가치를 떨어뜨리고 있지는 않을까?
- 남에게 모욕을 당하지는 않을까?
- 사람들이 나를 쓰레기처럼 취급하지는 않을까?
- 남들에게 무가치한 존재로 비치지는 않을까?

만일 이런 두려움을 느끼고 있다면 자기 자신을 잃고 '모욕'의 상처에 지배당하고 있는 것이다. 이제 '마조히스트'가 걸리기 쉬운 질병을 살펴보자.

- **등과 어깨 질환**: 너무 많은 것을 지고 있어서 늘 등이 아프고 어깨가 무겁다. 등의 통증은 특히 자신이 자유롭지 못하다고 느끼기 때문이다. 등 아래쪽이 아프면 물질적인 면에서 문제가 있고 위쪽이 아프다면 애정에 관해 문제가 있다.
- **호흡기 계통의 질환**: 남의 문제까지 껴안고 숨이 막힐 지경이 되었을 때 호흡기 계통에 문제가 일어난다.
- **정맥류나 염좌, 골절과 같은 다리의 질병**: 자유를 빼앗겨 옴짝달싹 못하게 되는 것은 아닐까 하는 두려움 때문에 신체적으로 이런 문제를 일으킨다.
- **간 질환**: 남의 일로 이런저런 걱정이나 스트레스를 많이 받기 때문에 간에 무리가 가기 쉽다.
- **목의 통증, 인두염(咽頭炎), 후두염**: 하고 싶은 말을 제대로 못하고 필요나 요구 사항을 입 밖에 내지 않기 때문이다.
- **갑상샘 질환**: 자신이 원하는 것을 깨닫지 못하고 남에게 표현하지 않으면 갑상샘에 문제가 일어날 가능성이 크다.
- **피부가려움증**: 자신에게 무엇이 필요한지, 무엇을 원하는지에 귀를 기

울이지 않으면 피부가 자꾸 가려워진다. 흔히 '~하고 싶어서 근질근질하다'라는 말은 '~하고 싶어서 참을 수 없다'는 뜻이지만 '마조히스트'는 스스로 그렇게 느끼지 못하게 한다. 기쁨을 누리는 것을 부끄럽게 여기기 때문이다. 가려움증은 그런 생각을 몸이 그대로 드러내는 것이다.

- **저혈당증, 당뇨병과 같은 췌장 기관의 질병**: '마조히스트'는 췌장 기능이 떨어지는 경우가 많다. 그래서 저혈당증이나 당뇨병을 앓게 된다. 이런 질병은 자기 자신을 소중히 여기지 않거나 자신을 보살필 때 죄의식과 수치심을 느끼는 사람이 걸리기 쉽다.

- **심장 질환**: '마조히스트'는 또 심장에 자주 문제가 생긴다. 자신을 충분히 사랑하지 않기 때문이다. 자신을 소중히 여기지 않으므로 기쁘게 해줄 수도 없다. 심장은 자신에게 기쁨을 주는 능력, 삶을 즐기는 능력과 직접적으로 관계가 있다.

- **각종 외과 수술**: 자신은 고통받아 마땅하다고 여기므로 이런저런 외과 수술을 몇 번이고 받는다.

만일 당신이 이런 질병들을 앓고 있다면 '모욕'의 상처를 입고 '마조히스트'의 가면을 쓰고 있다는 뜻이다. 몇몇 질병은 다른 상처를 입은 사람들에게서도 찾아볼 수 있지만 '모욕'의 상처를 지닌 사람들에게 주로 더 많이 보인다.

음식, 허기진 영혼의 위안

'마조히스트'의 식사 습관은 상당히 극단적이다. 씹지도 않고 삼
키듯 허겁지겁 먹거나 아니면 저렇게 먹고도 살 수 있을까 싶을 정
도로 조금밖에 안 먹는다. 식사량이 적은 이유는 스스로 소식한다
고 믿어서 수치심을 느끼지 않으려는 것이다. 하지만 여러 종류를
조금씩 먹기 때문에 결과적으로는 식사량이 적지 않다. 때로는 폭
식증에 사로잡히는데, 그럴 때면 남들에게 보이지 않는 곳에서 뭘
먹는지도 모른 채 허겁지겁 음식을 삼킨다.

항상 급하게 먹기 때문에 서서 먹을 때도 많다. 예를 들어 식탁
에 차분히 앉아 먹기보다 부엌 싱크대 근처에서 선 채로 입에 쑤셔
넣듯 먹는다. 그렇게 하면 식사량이 줄어들 것이라고 생각하기 때
문이다. 대체로 기름진 음식을 좋아한다. 음식을 먹을 때는 무엇
을 먹든 늘 죄의식과 부끄러움을 느낀다. 특히 살찔 것 같은 초콜
릿이나 사탕처럼 단것을 먹을 때 더 심하다.

너무 많이 먹는다고 걱정하는 것은 체중 감량에 전혀 도움이 되
지 않는다. 우리 모두 알다시피 걱정과 두려움은 그대로 현실이
되기 때문이다. 너무 많이 먹었다고 죄책감을 느낄수록 음식은 지
방이 되어 몸에 쌓인다. 아무리 많이 먹어도 살이 찌지 않는 사람
은 분명히 다른 내면세계와 신념을 가지고 있다. 의사나 과학자들

은 그런 사람을 보고 신진대사 능력이 다르기 때문이라고 말할 테지만 나는 사람마다 특정 신념 체계가 있어서 그것이 신진대사나 각종 샘조직*의 작용 방식, 소화기관의 기능을 결정한다고 생각한다. 그 반대가 아니다.

'마조히스트'는 안타깝게도 음식으로 자신에게 보상을 한다. 먹는 것이야말로 자신을 만족시키는 수단이며 믿고 의지하는 마지막 보루이기 때문이다. 다른 방법으로 본인을 만족시키고 위로할 수 있다면 음식에 대한 의존은 줄어들 것이다. 그러나 음식에 기대는 스스로를 탓할 필요는 없다. 음식 덕분에 지금까지 버틸 수 있었으니 말이다.

영혼의 치유를 위한 마지막 기회

'모욕'의 상처를 자각하려면 자기 자신과 남들을 무엇 때문에 부끄럽게 여기는지, 또 그 순간 얼마나 수치스러워 하는지 깨달아야 한다. 더불어 언제 스스로를 쓸모없고 가치 없는 존재로 느끼는지

---

* glandular systems, 내분비샘, 외분비샘, 갑상샘, 전립샘처럼 상피세포가 특수한 물질을 생산하는 기능을 갖게 된 샘세포 조직.

그 순간의 자신을 인식해야 한다.

'마조히스트'는 무슨 일에든 극단적이므로 사실을 깨닫고도 처음에는 전혀 부끄러워하지 않는다. 그러다 어느 순간 너무나 수치스러워서 심한 충격을 받는다. 그리고 다시 시간이 지나면 자신의 반응이 너무 바보 같아서 헛웃음이 나오는데, 그 순간이 바로 치유가 시작되는 때다.

'모욕'을 의식화하는 또 다른 방법은 타인의 책임과 약속을 떠안고 있지 않은지 확인하는 것이다. 만일 '모욕'의 상처를 깨달았다면 상처에서 벗어나도록 노력하자. 육체만 벗어나려는 시도는 소용이 없다. 즉 살을 뺀다든지 더 이상 살찌지 않도록 다이어트를 하는 것만으로는 상처를 치유할 수 없다. 다음 생에도 또 그 다음 생에도 아물지 않은 상처를 껴안은 채 당신의 영혼은 더 살찐 몸을 찾아 태어날 것이다. 이번 생이 마지막이다. 당신의 영혼을 상처로부터 해방시키도록 노력하자.

그리고 당신의 아버지 혹은 어머니도 '모욕'의 상처 때문에 고통받고 있다는 것을 기억하자. 당신과 동성인 할아버지 혹은 할머니로부터 상처가 이어지고 있는 것이다. 부모의 고통에 연민을 느낄 수 있다면 자기 자신도 가엾게 여길 수 있다.

상처는 남과 비교해 자신의 가치를 낮출수록 깊어진다. 혹은 남을 부끄럽게 여기고 상대의 가치를 낮출 때도 상처는 커진다. 우리는 남에게 지독한 짓을 해놓고서 상대가 나쁘다고 비난한다. 그리고 그 사실을 깨닫고 싶어 하지 않는다. 그렇기 때문에 내가 남에게 한 짓을 그대로 나에게 하는 사람들을 주변으로 끌어당긴다. 그렇게 해서 잘못을 깨우치려는 것이다.

앞서 '마조히스트'가 다른 이들에 비해 가면을 깨닫기 가장 어렵다고 했다. 만일 '마조히스트'의 신체적 특징을 지니고 있다면, 그리고 다른 가면의 특성이 전혀 보이지 않는다면 이 장의 내용을 반복해서 읽어보기 바란다. 그러면 당신이 어떤 식으로 자신을 부끄러워하는지 조금씩 깨달을 수 있을 것이다. '모욕'의 상처를 인정하기까지는 상당한 시간이 걸린다. 누구보다 소중한 당신을 위해 충분히 기다려주면 좋겠다.

Chapter 5

'배신'이 불러오는

마음의

──────

갑옷

1

'배신'의 상처를
입은 사람들

오이디푸스 콤플렉스

우리는 다양한 방법으로 사람을 배신하고 또 배신당한다. 사전
에 따르면 '배신'은 '어떤 사람이나 조직에 성실하기를 그만두다,
버리다, 넘기다'라는 의미다. 아이러니하게도 배신을 이해하는 데
필요한 핵심 단어는 '성실'이라는 반대말이다. '성실'이란 '약속을
지키고 충실하며 헌신적'이라는 뜻으로, 우리는 성실한 사람을 신
뢰한다. 그리고 그 신뢰가 무너질 때 배신당했다고 느끼고 괴로워
한다. '배신'의 상처는 두 살부터 네 살 무렵까지, 즉 성적 에너지가
발달할 무렵에 깨어나기 시작한다. 이 상처는 자기와 성별이 다른
부모와의 사이에서 만들어진다.

이 상처를 치유하고 싶은 이들은 이성의 부모와 강한 사랑으로
결속되고 서로를 강하게 끌어당긴다. 그 결과 강력한 오이디푸스

콤플렉스가 생긴다. 오이디푸스 콤플렉스는 정신과 의사인 프로이트가 주장한 개념으로, 그에 따르면 우리는 누구나 오이디푸스 콤플렉스를 경험하는데 사람마다 그 정도가 다르다. 아이는 두 살부터 여섯 살까지 성적 에너지가 발달하기 때문에 이성의 부모 혹은 그를 대신하는 사람을 사랑한다.

갓난아기는 태어나자마자 엄마와 하나가 되어 끊임없이 엄마의 관심과 보살핌을 필요로 한다. 그러나 이때 엄마가 너무 갓난아기에만 신경을 쓰면(아기의 응석을 다 받아주면) 아기는 아버지 대신 자신이 엄마를 독차지할 수 있다고 착각한다. 프로이트는 이런 아기들은 정상적으로 오이디푸스 콤플렉스를 극복하지 못하기 때문에 마음의 성장이 제대로 이루어질 수 없다고 말한다. 즉 이들은 어른이 되었을 때 심리적으로나 성적으로 건강한 생활을 할 수 없게 된다.

오이디푸스 콤플렉스를 원만하게 극복하려면 본인이 태어나기 위해 아버지라는 존재가 반드시 필요했다는 사실을 깨달아야 한다. 아버지와 함께 살지 못해도 엄마는 아버지가 아이만큼이나 엄마에게 소중한 사람이라고 가르쳐야 한다.

아빠와 엄마의 결합을 통해 자신이 태어났다는 사실을 이해한 아기는 이성의 부모에게 흥미를 가지기 시작하면서 무의식적으로 부모와 아기를 만들고 싶다는 욕망을 키운다. 동시에 아이들은 창조적 에너지를 키워나간다. 그들은 이성의 부모가 자신을 사랑해 주기만 한다면 무슨 일이든 할 준비가 되어 있다. 설사 자신이 바라는 애정을 얻을 수 없어서 실망하더라도 평생 이성의 부모를 지키려고 애쓴다. 동성의 부모가 이성의 부모를 상처 입히면 아이는 너무나 괴로워하며 극단적인 경우, 동성의 부모가 죽어버렸으면 좋겠다고 바라기도 한다.

유감스럽게도 대부분의 아이들은 오이디푸스 콤플렉스 시기를 정상적으로 통과하기 어렵다. 엄마는 아들을, 아버지는 딸을 독점하려 들기 때문이다. 특히 가정에서 아버지의 지위가 엄마보다 낮을 경우 오이디푸스 콤플렉스를 해결하기란 상당히 힘들다. 성인이 되어서 배신 때문에 괴로워하는 사람은 대부분 어릴 때 오이디푸스 콤플렉스를 제대로 해결하지 못한 사람들이다. 이성의 부모에 대한 의존이 훗날 애정과 성적 관계에 부정적인 영향을 미치기 때문이다. 그들은 연인이나 배우자를 끊임없이 이성의 부모와 비교하거나 이성의 부모에게 받지 못했던 것들을 그들에게 요구한다. 특히 사랑을 나눌 때 완전히 몰입하여 몸과 마음을 내맡기지 못한다. 상대방에게 지배당할까 봐 두렵기 때문이다.

유혹하는 부모, 배신당하는 아이

'배신'의 상처를 치유하려는 아이는 이기적이고 자신을 유혹하는 부모를 선택해서 태어난다. 그리고 부모가 자신을 필요로 한다고 느끼며 그 부모를 기쁘게 하려고 애쓴다. 부모에게 특별한 존재가 될 수 있다면 무슨 짓이든 할 것이다.

'배신'의 상처 때문에 괴로워하는 젊은 남성 C의 이야기다. 어릴 적 엄마와 누나들은 그가 신발과 마루를 잘 닦는다고 틈날 때마다 칭찬해주었다고 한다. 그 때문에 이 두 가지 일을 할 때마다 엄마와 누나들을 만족시켰다고 생각했다. 물론 세 명의 여자에게 '유혹'당했다고, 즉 편리한 대로 이용당했다고는 생각지 못했다. 우리가 어린 시절 무의식중에 어떻게 '배신'을 경험하는지 알 수 있는 전형적인 사례다.

아이는 이성의 부모가 약속을 지키지 않을 때, 혹은 자신의 신뢰에 응답해주지 않을 때 배신당했다고 느낀다. 특히 그들에게 정서적으로나 성적으로 학대받았을 때 배신감은 더욱 커진다. 만약 그 부모에게 정서적으로나 성적으로 강하게 이끌렸다면 그 느낌은 더 강해진다.

예를 들어 근친상간을 당하면 대부분의 아이는 부모에게 배신당했다고 느낀다. 또 동성의 부모가 이성의 부모에게 배신당하면 실제로 자신이 배신당한 것처럼 느낀다. 또 어린 여자아이는 아버지가 새로 태어난 동생에게 관심을 보이면 배신감을 느낀다.

이때 다른 상처를 입었을 때와 마찬가지로 배신당했다고 느끼면 아이는 자신을 지키기 위해 가면을 만들어 쓴다. '배신'의 상처를 입은 사람이 쓰는 것은 '지배하는 사람'의 가면이다.

'지배하는 사람'이 자신과 주변을 통제하는 이유는 '마조히스트'와 조금 다르다. '마조히스트'는 창피를 당하지 않으려고, 혹은 다른 사람을 부끄럽게 하지 않으려고 통제력을 행사하지만, '지배하는 사람'은 신의를 지키고 책임을 지며 약속을 지키기 위해, 또 타인이 약속을 지키도록 하기 위해 통제하는 것이다.

"나는 누구보다 특별하고 중요한 인간이야!"

'지배하는 사람'의 태도와 사고방식에서 '힘'은 핵심적인 키워드다. 그들에게는 힘, 특히 용기를 과시하는 일이 상당히 중요하다. 스스로에 대한 요구 수준이 높기 때문에 자신의 유능함을 타인에게 과시하려고 애쓴다. 그들에게 용기의 결여, 즉 비겁한 태도는 배신이나 마찬가지다. 그러므로 타인의 비겁한 행동을 극단적으로 혐오한다. 계획을 포기하거나 끝까지 목표를 달성하지 않는 일

또한 결코 용납할 수 없다.

'지배하는 사람'은 어떤 형태든 자신과 타인의 배신을 받아들이지 못한다. 그러므로 무슨 수를 써서라도 자신이 책임감 있고 강인하며 특별하고 중요한 인간이라는 사실을 증명하려고 한다. 그는 자신이 남들을 얼마나 배신하는지 직시하려고 하지 않는다. 배신은 결코 있을 수도, 있어서도 안 되는 일이므로 그런 일은 생각할 수 없다. 예를 들어 약속을 지키지 못해서 상대를 배신하게 되었다면 어떤 핑계를 대서라도, 때로는 거짓말을 해서라도 그 상황을 돌파하려고 한다.

기억하기 바란다.

모든 상처는 우리가 자신과 타인을 상처 입혔기 때문에

그들도 우리를 상처 입힌다는 사실을 일깨우기 위해 존재한다.

자아는 이 사실을 이해하거나 받아들이려 하지 않는다.

만일 이 글에 반발심이 느껴진다면 그것은 당신의 마음이 아니라 자아가 그렇게 시키고 있다는 사실을 깨달아야 한다. 다섯 가지 상처를 가진 사람들 중 '지배하는 사람'이 타인에게 가장 많은 것을 기대한다. 그는 모든 것을 내다보고 통제하고 싶어 하기 때문이다. 3장에서 살펴본 '의존하는 사람'도 타인에게 많은 기대를 한다.

그들은 '버림받음'의 상처 때문에 타인의 지지를 받고 싶어 한다. 그로 인해 스스로를 보다 중요한 존재로 느낄 수 있기 때문이다.

한편 '지배하는 사람'은 타인이 맡은 바 임무를 잘 수행하고 신뢰할 만한 사람이라는 것을 보여주기를 기대한다. 그는 상대방이 자신에게 어떤 것을 기대하는지도 재빨리 파악하며 늘 그들을 만족시킬 만한 이야기를 하지만 사실 진짜로 그럴 생각이 있는 것은 아니다.

'지배하는 사람'은 자기주장이 강하다. 늘 확신에 차서 자신의 신념을 주장하고 남들도 동의하기를 기대하며 사람과 상황에 관해 신속하게 생각을 정리하고 자신의 판단이 옳다고 믿는다. 또 자신의 의견을 강하게 주장하며 상대방을 설득하려고 애쓴다. 따라서 그들은 상대방이 이해했는지 확인하려고 몇 번이나 "무슨 말인지 알겠어요?"라는 식으로 묻고는 한다. 상대가 이해했다고 하면 그는 바로 동의한 것으로 받아들이지만 유감스럽게도 반드시 그렇지만은 않다.

나는 지금까지 수많은 '지배하는 사람'을 만나면서 그들이 자신의 의견을 말할 때마다 어떻게든 설득하려고 애를 쓴다는 사실을 알았다. 그러나 아이러니하게도 본인은 전혀 자신의 행동을 깨닫지 못한다. 이런 현상은 가면을 쓴 사람들에게 공통적으로 나타난다.

그들은 '자신이 가면을 쓰고 있다'는 것을 전혀 깨닫지 못한다. 주변 사람들 눈에는 그가 어떤 가면을 썼는지 훤히 보이는 데도 말이다.

'지배하는 사람'은 자신이 통제할 수 없는 상황을 싫어한다. 본인보다 판단이 빠르고 힘이 센 사람과 함께 있으면 가능한 한 그곳에서 빠져나가려고 한다.

빨리, 빨리, 더 빨리

그는 또 늘 신속하게 행동한다. 무엇이든 빨리 이해하고 싶어 하는데 실제로도 그렇다. 따라서 누가 설명할 때 머뭇거리면 참지 못한다. 상대의 말이 끝나기도 전에 끼어들어 이야기를 가로채기도 한다. 그러는 주제에 자기가 말할 때 누군가 그렇게 행동하면 "아직 내 말 안 끝났잖아요!" 하고 발끈한다.

다재다능한 '지배하는 사람'은 업무 능력도 뛰어나 남들보다 더 빨리 성과를 올린다. 느릿느릿 일하는 사람들을 보면 복장이 터진다. 예를 들어 앞차가 너무 느리게 달리면 신경질을 내다가 폭발한다(하지만 그 차는 기준 속도를 지키며 달리고 있었다). 또 아이에게 "빨리빨리 좀 해라!" 하고 무슨 일이든 재촉한다. 생각만큼 일이 빨리 진행되지 않거나 예상치 못한 방해를 받으면 버럭 화를 내거나 무엇이든 남보다 앞서 첫 번째로 끝내고 싶어 한다. '지배하는 사람'들은 경쟁에서 지는 것을 무엇보다 싫어한다. 일을 제대로 하는 것보다 남보다 빨리 끝내는 것이 더 중요하다. 때로는 자신에게 유리하도록 규칙을 바꾸기도 한다. 그러다 자기 뜻대로 일이 풀리지 않으면 상당히 공격적으로 변하지만 본인은 전혀 그런 사실을 깨닫지 못한다. 오히려 자신이 강인하고 자신감에 넘치며 남의 흉내 따위 낼 필요가 없는 사람이라고 믿는다.

'지배하는 사람'은 다섯 가지 가면 중 가장 감정 기복이 심하다. 다정다감하고 배려심이 깊은가 싶으면 정말 별것 아닌 일에 불같이 화를 낸다. 언제 어떻게 변할지 모르는 그의 변덕 때문에 주변 사람들은 늘 조마조마한 심정이다. 이런 태도는 남들에게는 종종 배신으로 느껴진다. 그러므로 그들은 더 많은 인내심과 너그러운 태도를 몸에 익혀야 한다. 예상치 못한 돌발 상황 때문에 일정에 차질이 빚어지거나 자기 방식대로 일이 진행되지 않을 때 특히 더 그렇다. 병이 나면 빨리 회복해서 업무에 복귀하려고 안달하지만 그럴 때일수록 참고 치료에 집중해야 한다. 반대로 함께 일하는 동료가 병에 걸리면 일에 차질이 생길까 봐 화를 내는데 그럴수록 타인에 대한 관용을 발휘해야 한다.

모든 것을 통제하려는 욕구

'지배하는 사람'은 미래지향적이다. 즉 앞으로 일어날 모든 일들을 예측하고 관리하고 싶어 한다. 정신력이 활발하기 때문이다. '배신당한 상처'가 클수록 고통을 느끼지 않기 위해 모든 것을 예측하고 지배하려고 한다. 그들은 미래에 대한 지나친 관심과 집착 때문에 현재라는 소중한 지금 이 순간을 놓치는 일이 많다. 예를 들어 일할 때는 다음 달 휴가 계획이 신경 쓰이고 막상 휴가를 떠나면 다녀온 다음 처리해야 할 업무 때문에 골치 아픈 식이다. 언제나 앞으로 일어날 일만 신경 쓰기 때문에 현재가 늘 텅 비어 있다.

'지배하는 사람'은 약속 장소에 늘 일찍 도착한다. 모든 상황을 통제하고 싶어서다. 자신이 늦는 것도 용납할 수 없지만 다른 사람의 지각은 더더욱 용서할 수 없다. 자신이 마감까지 일을 마치지 못하는 것도 견딜 수 없지만 타인이 기한을 지키지 못해도 화를 낸다. 특히 상대가 이성이라면 분노의 정도는 더 심해진다. 자신에게도 남에게도 일을 마치는 데 필요한 시간을 충분히 주지 않는다.

또 좀처럼 남을 믿고 일을 맡기지 못한다. 설사 맡긴다 해도 자기 예상대로 일이 진행되고 있는지 끊임없이 확인한다. 더불어 무언가를 가르칠 때 상대방이 빨리빨리 이해하지 못하면 화를 낸다.

시간을 낭비하고 싶지 않기 때문이다. 전부 자기 손으로 하든지 아니면 남에게 맡기더라도 일거수일투족까지 감시하지 않으면 성에 차지 않는다.

그들은 감시 카메라처럼 다른 사람이 해야 할 일을 하고 있는지 확인한다. '지배하는 사람'은 자기 자신보다 남들에게 더 엄격하다. 이성보다는 동성을 더 신뢰할 수 있어서 이성을 더 집중적으로 관리한다. '배신'의 상처는 '지배하는 사람'들이 약속을 지키지 않는 사람들과 맞닥뜨릴 때마다 통증이 심해진다.

'지배하는 사람'은 자신을 유능하고 책임감 강하며 성실하다고 생각하기 때문에 나태한 사람은 용납할 수 없다. 게으름을 피울 수 있는 것은 할 일을 완벽히 끝냈을 때뿐이다. 타인, 특히 이성이 아무것도 안 하고 있으면 신경에 거슬려 참지 못하고 상대를 게으름뱅이로 취급하면서 절대 신용하려 들지 않는다. 한편 자신이 얼마나 많은 양의 업무를 완벽하게 해치우는지 모두에게 자랑하며 자신이 책임감이 있고 신뢰할 수 있는 사람이라는 사실을 알리려고 애쓴다. '지배하는 사람'은 남에게 신뢰를 받지 못하면 견딜 수 없기 때문이다. 하지만 자신이 얼마나 타인을 신뢰하지 못하는지는 잘 알지 못한다.

모두의 삶을 책임져야 한다고 믿는 당신

'지배하는 사람'은 남의 일에 툭하면 간섭한다. 예를 들어 엄마가 아이를 한바탕 야단치는 중이라고 하자. '지배하는 사람'인 아버지는 지나가다가 아이의 머리를 쿡 쥐어박으며 "아빠가 엄마 말 들으라고 했어, 안 했어?" 하고 쓸데없이 참견을 한다. 이때 '아빠를 좋아하는' 어린 딸이라면 자기편을 들어주지 않은 아빠에게 배신당했다고 느낄 가능성이 크다.

일반적으로 '지배하는 사람'은 어떤 상황이든 자기 말로 마무리 짓고 싶어 한다. 그래서 늘 다 끝난 마당에 쓸데없이 사족을 붙이는 것이다.

'지배하는 사람'은 늘 남의 일로 바쁘다. 상황 판단이 빠르고 스스로 유능하다고 생각하므로 어떤 일이든 책임지려 들기 때문이다. 그러나 자기는 돕는다고 하지만 남의 인생사까지 참견하면서 그들을 지배하려 한다는 사실을 깨닫지 못한다. 남들이 언제 무엇을 어떻게 해야 하는지까지 자기 뜻대로 지배하고픈 것뿐이다.

그가 그토록 남의 일에 열심인 이유는 자기가 가장 유능하다고 믿기 때문이다. 한 마디로 자기 능력을 과시하고 싶은 것이다. 남들이 자기 능력을 믿어주지 않으면 무슨 수를 써서라도 믿게 만들려고 애쓰는데, 업무능력이 가장 떨어지는 사람을 보살피거나 도와주는 것이 전형적인 수법이다.

'지배하는 사람'은 상당히 예민하지만 늘 자기 힘을 과시하느라 바빠서 예민함을 드러낼 시간조차 없다. 각 장에서 살펴본 것처럼 '의존하는 사람'은 타인의 지지를 얻기 위해, '마조히스트'는 남에게 좋은 평가를 얻고 남이 창피를 당하지 않도록 하려고 타인을 돌본다면, '지배하는 사람'은 남에게 배신당하지 않으려고 또 그들을 자기 뜻대로 움직이려고 보살핀다.

지금 이 순간, 만일 당신이 사랑하는 이들의 인생까지 모두 책임져야 한다고 생각하고 있다면 부디 진짜 이유가 무엇일지 스스로 진지하게 생각해보기 바란다.

"마지막 결정권은 나에게 있어."

'지배하는 사람'은 누가 자기가 하는 일을 지적이라도 할라치면 당장 자아가 겉으로 튀어나온다. 왜냐하면 남들에게, 특히 다른 '지배하는 사람'에게 감시당하는 것은 참을 수 없기 때문이다. 그중에서도 권위적인 사람과 마찰이 가장 심하다. 그들이 자신을 지배하려 든다고 느끼기 때문이다.

'지배하는 사람'은 늘 자신을 합리화하고 무슨 일이든 자기 방식대로 밀어붙인다. 자신의 두려움과 약점을 인정하는 일은 거의 없다. 어릴 때부터 "내가 다 알아서 할 테니까 상관하지 마."라고 말해왔을 것이다. 무엇이든 자기 고집대로 하면서 남들이 자신을 주목하고 인정하며 칭찬해주기를 바란다. 그들은 자신의 약점을 결코 보여주려 하지 않는다. 남들이 그것을 이용해서 자신을 지배할까 봐 두려워서다. 따라서 틈만 나면 자신이 용감하고 강인한 인간이라는 사실을 과시한다.

또 그들은 늘 자기 멋대로 행동한다. 듣기에 좋은 말들을 하지만 그 말을 지키는 법이 없다. 결국은 자기 하고 싶은 대로 해야 직성이 풀린다. 예전에 한 업자에게 집안 인테리어를 부탁한 적이 있다. 그때 만난 업자는 전형적인 '지배하는 사람'이었다. 상담하면서 이것저것 요구 사항을 설명했더니 그는 적잖이 불만스러워했다. 아무것도 모르는 아마추어인 내가 프로인 자신에게 이래라저래라 지시하는 것이 싫었던 것이다. 우리 형편은 아랑곳하지 않고 자기 방식을 고집하고 설득하려고 애썼다. 마지막에는 누가 고객인지 알 수 없을 지경이 되어 나는 참다 못해 "물론 하시던 방식이 있겠지만 우리가 원하는 대로 해주세요."라고 분명히 말했다. 그도 흔쾌히 알았다고 대답했다. 하지만 이틀 후 그가 완전히 자기 방식대로 작업을 진행하고 있다는 사실을 알게 되었다. 작업을 중지해달라고 요구했지만 그는 미리 준비해둔 변명을 늘어놓았다.

그러고는 이제 와서 돌이키기에는 너무 늦었다며 멋대로 이야기를 끝내버리는 게 아닌가!

앞서 '지배하는 사람'은 권위적인 사람을 좋아하지 않는다고 말했다. 그러면서 정작 자신이 얼마나 남에게 명령하기 좋아하며 멋대로 결정을 내리는지 알지 못한다.

나는 레스토랑이나 호텔, 병원, 백화점과 같은 서비스 업종에서 관리직을 수행하는 '지배하는 사람'들을 관찰하기 좋아한다. 그들은 주변에서 일어나는 일들을 시시콜콜히 다 알고 싶어 한다. 부하 직원의 업무까지 하나하나 참견하지 않으면 못 배기는 성미다. 또 묻지도 않았는데 자기 의견을 제시하고 은근히 강요한다.

어느 날 남편과 함께 레스토랑에서 식사를 하는데 '지배하는 사람'인 웨이터가 전형적인 '도피하는 사람'인 웨이터에게 큰 소리로 다그치는 장면을 보게 되었다. 손님이 오시면 좀 더 큰소리로 인사하라는 등 주문받는 자세가 잘못되었다는 등 잔소리를 퍼붓고 있었다. '도피하는 사람'이 화가 나서 눈살을 잔뜩 찌푸리고 있었기 때문에 나는 남편에게 저 둘이 분명히 싸울 거라고 말했다. '도피하는 사람'인 웨이터가 주문을 받으러 왔을 때 내가 "무슨 문제라도 있나요?"라고 지나가는 말로 묻자 그는 더 이상 못 참겠다며 조만간 가게를 그만둘 생각이라고 털어놓았다.

나는 상처를 지닌 사람들의 행동 양식을 파악하고 있었기 때문에 그의 말에 놀라지 않았다. '도피하는 사람'은 '거부'의 상처가 있으므로 자신이 거부당했다고 느끼면 사태를 직면하기보다 도망치려 들기 때문이다.

이 사례에서 특히 흥미로운 것은 '지배하는 사람'이 사실 '도피하는 사람'의 상사도 선배도 아니었다는 점이다. 비슷한 또래인 두 사람은 모두 홀의 서빙을 담당하는 평직원이었다. 그럼에도 '지배하는 사람'인 웨이터는 상대방보다 위에 서서 통제하고 가르치려 든 것이다. 그는 자신이 더 뛰어나다고 생각하기 때문에 상대를 지배하려는 의도가 있다는 사실을 깨닫지 못한다. 동시에 그는 그런 행동을 통해 지배인에게 자신이 유능한 웨이터임을 열심히 부각시키려는 것이다. 게다가 '도피하는 사람'인 웨이터가 자신에게 감사해야 마땅하다고 생각했다. 자기 덕분에 더 일을 잘할 수 있게 되었다고 믿는 것이다. 남들은 '지배'라고 생각하는 행위를 '지배하는 사람'은 '도움'으로 완벽하게 착각한다.

우리 부부는 자주 여행을 다니며 다양한 지역의 레스토랑을 이용하는데, 그럴 때 '다섯 가지 종류의 인간'에 대한 이해가 상당히 도움이 된다. 직원들을 어떻게 대하면 좋을지 잘 알 수 있기 때문이다. 예를 들어 '지배하는 사람'인 웨이터에게 잘못을 지적하면 그는 곧장 자기합리화를 시작하고 스스로를 보호하려 들 것이다. 때로는 거짓말까지 하면서 체면을 지키려 할지도 모른다. 만일 내 태도가 지배적이라면 기대하는 만큼의 서비스를 받을 수 없을 것이다. 그 직원은 서비스는 어디까지나 자신이 자발적으로 하는 것이지 상대에게 강요당해서 할 수 있는 것은 아니라고 굳게 믿기 때문이다. 한번은 레스토랑에서 식사가 나올 때까지 평소보다 훨씬 더 오래 기다린 적이 있다. '지배하는 사람'인 웨이터가 마지막 결정권은 자신에게 있다는 사실을 내게 보여주려고 일부러 한 짓이었다.

'지배하는 사람'에게 새로운 아이디어를 제안하면 강하게 반발한다. 준비되지 않은 상태에서 새로운 일에 부딪히기 싫어하는 것이다. 미리 준비하지 않으면 상대를 지배할 수 없고 결과적으로 자신이 지배당할 위험이 있기 때문이다.

그러므로 '지배하는 사람'은 깜짝 놀라거나 예상치 못한 일은 딱 질색이다. 그럴 때는 우선 한발 물러나서 경계한다. 어떤 일을 하든 그는 모든 가능성을 생각하고 경우의 수에 맞게 대비해두어야 준비가 되었다고 생각한다. 그러면서 늘 이랬다저랬다 변덕을 부리고 바로 직전에서야 결정을 뒤집어 주변 사람의 간담을 시늘하게 한다. 물론 본인은 전혀 의식하지 못하지만 말이다. 결정권이 자신에게 있는 한 어떤 '놀라움'이 있어도 괜찮다고 생각하는 것이다.

거짓말을 두려워하는
거짓말쟁이

자신의 거짓말은 정당하다는 착각

'배신'의 상처를 지닌 부인 B는 어릴 적 아버지의 변덕으로 언제 벼락이 떨어질지 몰라 늘 안절부절 못했다고 한다. 학교에서 엄청난 잘못을 해서 아버지에게 얻어맞을 각오로 말했더니 그는 '그럴 수도 있지' 하고 다정하게 위로해주었다. 어느 날은 시험을 잘 봐서 칭찬받을 거라고 잔뜩 기대하고 말했는데 방을 치우지 않았다고 벌컥 화를 내면서 그녀를 때리기 시작했다. 그녀는 도무지 아버지를 이해할 수 없었다.

이 사례에서 알 수 있듯이 '배신'의 상처를 지닌 부인 B는 자신과 같은 상처를 지닌 아버지를 끌어당겨 스스로 배신당하는 상황을 반복하고 있었다. 아버지는 마치 딸의 뒤통수를 치는 일에 기쁨을 느끼는 듯했다. 딸이 무엇을 예상하는지 또 기대하는지 다 자기 손바닥 안이라는 듯 행동했다. 사실 이런 현상이 벌어지는 이유는 딸과 아버지가 완전히 일체화되었기 때문이다. 부모의 예상치 못한 반응은 '지배하는 사람'인 자녀에게는 당연히 배신으로 느껴진다.

'지배하는 사람'은 아무도 믿을 수 없어서 사람들을 곧잘 위선자 취급을 한다. 한편 사람들은 늘 뒤에서 교묘하게 조종하는 그의 행동을 보고 그가 오히려 '위선자'라고 생각한다. 예를 들어 일이 자기 뜻대로 풀리지 않으면 '지배하는 사람'은 화가 나서 남들 다 들으라는 듯이 그 자리에 없는 책임자의 험담을 떠들어댄다. 그 순간 남들의 눈에 자신이 전혀 신뢰할 수 없는 사람으로 비춰진다는 사실을 결코 깨닫지 못한다.

'지배하는 사람'은 남에게 속는 것을 굉장히 두려워한다. '거짓말에 속느니 한 대 맞는 편이 낫다'고 생각할 것이다. 그러면서 자기는 거리낌 없이 거짓말을 한다. 물론 그에게는 결코 거짓말이 아니다. 사실을 왜곡하기 위해 정말 쉽게 '변명'을 떠올리는데 그에게는 '정당한 이유'일 뿐이다. 그 정도의 교묘한 '방편'은 목적을 달성하기 위해, 또는 자신이 옳다는 것을 증명하기 위해 반드시 필요하다고 생각한다.

예를 들어보자. 이미 말했듯 '지배하는 사람'은 다른 사람의 기대를 재빨리 알아차린다. 그래서 앞뒤 생각도 않고 해주겠다고 나선다. 유감스럽게도 그런 약속은 제대로 지켜지는 법이 없다. 왜냐하면 정말 자신이 할 수 있는지 확인해보지도 않고 덥석 약속부터 해버리기 때문이다. 그러고는 온갖 종류의 변명거리를 생각해낸다. 경우에 따라서는 약속한 사실이 기억나지 않는다며 잡아떼기도 한다. 남들은 그것은 '거짓말'이고 배신당했다고 여긴다. 하지만 '지배하는 사람'에게 그것은 절대 '거짓말'이 아니며 '배신'은 더더욱 아니다. 그저 자신의 능력에 한계가 있었을 뿐이다. 역설적이게도 '지배하는 사람'은 남들이 자기를 믿어주지 않는다는 사실에 심한 충격을 받는다. 타인이 자신을 신뢰하지 않으면 배신당했다고 느끼기 때문이다. 따라서 자신을 믿게 만들기 위해 어떤 수단도 가리지 않는다.

워크숍에 참가한 많은 여성들은 남편이 거짓말을 해서 자신을 조종한다고 투덜댄다. 아내들의 설명을 듣고 나서 그들의 남편 대부분이 '지배하는 사람'이란 사실을 확인할 수 있었다. '지배하는 사람'이 모두 거짓말을 하는 것은 아니지만 그럴 확률은 분명히 높다.

만일 당신이 '배신'의 상처로 괴로워한다면 정말 주의해야 한다. 거짓말하는 사람들은 자신이 거짓말을 하는지조차 모르기 때문이다. 잘 아는 사람들에게 혹시 당신이 거짓말을 하지는 않는지 꼭 확인해보기 바란다.

역설적이지만 '지배하는 사람'은 속임수를 용서하지 못한다. 그러면서 카드놀이 같은 데서 속임수를 쓰다가 들키면 장난이었다 거나 상대가 알아채는지 시험해본 것뿐이라고 억지를 부린다. 고 의로 세금을 적게 신고했다가 적발되면 다들 그렇게 하는데 왜 나만 처벌을 받느냐고 적반하장으로 나온다.

가장 중요한 가치, 평판

그들은 동료의 업무 태도 등을 비밀리에 상사에게 보고하는 것을 싫어한다. 누군가 자신에게 그런 짓을 한다면 분명히 배신당했다고 느낄 것이기 때문이다.

몇 년 전 ETC^{ÉCOUTE TON CORPS} 센터*에서 일어난 사례를 들어 설명하겠다. 신입사원이 고객의 전화 상담을 맡게 되었는데 몇 주일이나 잘못된 정보를 안내하고 있었다. 다른 경로를 통해 사태를 파악한 나는 바로 옆자리의 다른 직원에게 그 사실을 알았는지 물었다. 그러자 그는 처음부터 알았지만 고자질하는 것 같아서 말하지 못했다고 했다. 센터의 평판에 무척 신경을 쓰던 내 안의 '지배

---

*   저자가 운영하는 개인 성장 및 치유를 위한 센터. 1982년에 개설되어 현재 전 세계 28개국에서 운영 중이다. 본부는 캐나다 퀘벡에 있다.

하는 사람'이 얼마나 화가 났을 지는 쉽게 짐작할 수 있을 것이다.

실제로 '지배하는 사람'에게 사람들의 평가, 즉 평판은 정말 중요하다. 누군가 자신의 평판에 흠집을 내는 말이나 행동을 하면 모욕을 당한 것처럼 화를 낸다. 그에게는 심각한 배신이나 마찬가지이기 때문이다. 자신의 평판을 지키기 위해서라면 태연하게 거짓말도 할 수 있다. 신뢰할 수 있고 책임감 있으며 유능하다는 평판은 무엇보다 중요한 가치다. 그들은 자신을 다 드러내면서 이야기하는 법이 없지만, 만약 하더라도 평판을 떨어뜨릴 만한 이야기는 결코 하지 않는다.

'지배하는 사람'은 보증 서는 것도 싫어한다. 상대방이 빚을 갚지 못하면 자신의 평판이 깎이기 때문이다. 신중하게 판단해서 보증인이 되더라도 상대가 빚을 갚지 않으면 '지배하는 사람'은 자신에 대한 중대한 배신이라고 느끼고 받아들이기 힘들어한다.

'지배하는 사람'인 부모는 아이의 행복보다 본인들의 평판을 더 우선으로 생각한다. 부모는 "이건 다 너를 위한 일이야."라고 말하지만 아이는 속지 않는다. 부모가 자신들의 평판을 우선적으로 생각한다는 사실을 느끼고 있는 것이다. 아이의 행복을 진정으로 바라는 부모는 아이가 무엇을 원하는지 알기 위해 천천히 시간을 들여 아이를 관찰하지만, '지배하는 사람'인 부모는 무슨 일이든 자기들 형편을 먼저 고려하고 결정을 내린다.

"그건 내가 알아요!"

'지배하는 사람'은 자신이 모르는 내용에 대해 질문받는 상황을 상당히 싫어한다. 그러므로 다양한 주제에 대해 온갖 지식을 탐욕적으로 흡수한다. 모르는 내용을 질문받아도 어떻게든 대답하려고 한다. '모른다'는 말은 절대 할 수 없기 때문이다. 하지만 질문하는 사람은 상대가 모른다는 사실을 금세 알아차리므로 자신을 속이고 있다고 생각한다. 누군가 "모르겠습니다."라고 말하면 '지배하는 사람'은 기다렸다는 듯이 "아, 알아요. 어디서 배웠는지는 모르지만 그거 알아요!"라고 대답한다. 하지만 유감스럽게도 이 대답이 늘 진실인 건 아니다. "아, 그거 알아요."라는 표현은 '지배하는 사람'이 정말 자주 쓰는 말이다.

'지배하는 사람'은 남이 자기 사생활에 개입하는 것을 정말 싫어한다. 모욕당했다고 느끼기 때문이다. 예를 들면 누군가 허락도 없이 자신의 메일을 확인했다면 불같이 화를 낼 것이다. 또 질문은 자기가 받았는데 다른 사람이 답하면 그때도 역시 모욕당했다고 느낀다. 자신의 능력을 의심받는다고 생각하기 때문이다. 자기는 늘 그런 짓을 서슴지 않으면서 그 사실을 전혀 깨닫지 못한다.

예를 들어 '의존하는 사람'인 여성과 결혼한 '지배하는 사람'인 남성은 늘 부인에게 "이 일은 알려준 대로 해.", "그 일은 내 말대로 하라고.”라며 끊임없이 명령한다. 안타깝게도 부인은 입을 다물고 그저 따를 수밖에 없다.

'지배하는 사람'과 '의존하는 사람'이 결혼한 경우, 전자는 일반적으로 후자의 연약함이나 의존성에 기댄다. 상대를 자기 뜻대로 지배하므로 자신은 강한 인간이라고 믿지만 실은 그 역시 의존의 또 다른 형태일 뿐이다. 부부가 모두 '지배하는 사람'이라면 결혼 생활은 살벌한 권력투쟁의 현장이 될 것이다.

지금까지 살펴본 모든 사례는 '지배하는 사람'에게는 모두 '배신'에 해당된다. 그 사실이 놀랍다면 아마 '배신'이라는 단어의 뜻을 너무 제한적으로 보았기 때문일 것이다.

진정 책임을 진다는 것

몇 년 동안 나 자신을 관찰하고 탐구한 결과 다음과 같은 결론을 얻었다. 나는 내 안에 숨은 '배신'의 상처를 어렴풋이 깨닫고는 있었다. 하지만 살아가면서 겪는 여러 가지 경험과 '배신'의 상처가 어떤 관련성이 있는지는 도무지 알 수 없었다. 특히 아버지와의 사이에서 상당히 심각한 오이디푸스 콤플렉스를 껴안고 있었다는 것은 전혀 깨닫지 못했다. 아버지를 많이 존경했고 오히려 엄마에게 배신당해서 엄마를 원망하고 있다고 생각했다. 아버지에게 배신당해서 그를 미워했고 지금도 여전히 원망하고 있다는 사실을 스스로는 도저히 인정할 수 없었다.

그리고 마침내 아버지가 "멋진 남자였으면 좋겠다!"라는 내 기대에 미치지 못했다는 사실을 깨달았다. 우리 집안은 대대로 여자들의 기가 세서 무슨 일이든 여자들이 주도권을 쥐고 결정을 내리면 남자들은 옆에서 보좌하는 분위기였다. 할아버지와 할머니, 숙부나 숙모도 마찬가지였다. 물론 우리 집도 같은 상황이었으므로 나는 여자가 모든 일을 책임지는 것이라고 믿었다. 그만큼 여자들이 강했고 또 유능했다. 내가 보기에 우리 집 남자들은 정말 무책임하고 한심했다. 무엇 하나 제대로 하는 것이 없었다.

하지만 사실은 잘못된 생각이었다. 자신이 직접 결정을 내리지 않는다고 그 사람이 무책임한 것은 아니다. 나는 '약속'과 '책임'의 의미를 처음부터 다시 생각해야만 했다.

어린 시절을 차분히 돌아보는 과정에서 발견한 새로운 사실이 있다. 집안의 중요한 사건은 모두 엄마가 결정했지만 아버지는 늘 엄마와의 약속을 지키고 자신의 책임을 성실히 완수했다는 점이었다. 엄마의 결정이 최선이 아닌 때도 있었지만 그래도 아버지는 엄마 곁에서 함께 그 결과를 받아들였다. 아버지는 제대로 책임질 줄 아는 남자였던 것이다.

'책임'이라는 말의 진정한 의미를 이해하기 위해 나는 전 남편과 두 아들을 내 인생에 끌어들였다. 그들과 함께 살면서 나는 세 남자 모두 정말 무책임한 인간이라고 생각했고, 그래서 아주 오랫동안 완벽하게 그들을 지배하려고 애썼다. 다른 남자들에 대해서도 마찬가지로 대했다. '지배하는 사람'은 이성에게 철벽을 치기 마련인데 나도 예외는 아니었다.

'배신'의 상처를 완전히 치유하기 위해 나는 같은 상처를 입은 남자를 두 번째 배우자로 맞이했다. 지금의 남편이다. 그와 함께 보내는 일상 속에서 나는 서서히 깨달음을 얻었고 내 마음을 성장시켰다. 상처 역시 아주 조금씩 아물어갔다. 덕분에 전 남편에게 저질렀던 불행한 실수들을 지금 내 곁에 있는 이 남자에게는 하지 않을 수 있게 되었다.

남을 믿지 않는 사람들

지인인 D는 자기가 먼저 전화하는 법이 없다. 늘 다른 사람들에게 전화하라고 요구하는데 시간 약속까지 받아낸다. 만일 상대방이 깜빡 잊고 전화를 안 하면 약속을 지키지 않는 사람으로 몰아붙인다. 남에게는 많은 것을 강요하면서 정작 스스로는 아무 책임도

지려 하지 않는다는 사실을 깨닫지 못하는 듯했다. D를 관찰하면서 모든 것을 지배하려면 엄청난 에너지가 필요하다는 사실을 절감했다. 계속 그렇게 행동하면 '배신'의 상처가 치유되기는커녕 더 자라기만 할 뿐이다.

'배신'의 상처로 괴로워하는 사람들은
이성의 부모가 약속을 지키지 않았다고 원망하지만
사실은 자신이 만든 이상적인 부모의 이미지를
무리하게 요구했을 뿐이라는 사실을 깨닫지 못한다.

내가 특히 깊은 인상을 받은 사람 중에 A라는 남성이 있다. 그는 예순 살이 넘은 지금도 혼자 사는데 어릴 때는 어머니와 단둘이서 살았다. 어머니는 수많은 남자를 갈아치우면서 연애를 했다. 남자들은 그녀를 위해서라면 아낌없이 돈을 썼다. A가 열다섯 살이 되었을 때 어머니는 어떤 남자를 따라 집을 나가버렸다. 그 남자가 엄청난 재산을 그녀에게 상속하기로 했기 때문이다. 그 바람에 A는 기숙사에 보내졌다. A는 버림받았다고 느꼈고 배신의 상처로 심한 고통을 겪었다.

어른이 된 A는 여자를 유혹하려면 돈을 쓰는 수밖에 없다고 생각했고 실제로도 그렇게 했다. 하지만 어떤 여성과도 깊고 진지한 관계를 맺지 않았다. 그렇게라도 해서 엄마에게 복수하고 싶었던 것이다. 하지만 엄마를 돈으로 유혹한다고 비난했던 사내들과 마찬가지로 자신도 '배신'의 상처 때문에 여전히 고통받고 있다.

워크숍에 참가한 여성 중에는 남성과 사귀다가 임신을 했는데 상대방이 결혼을 망설이면서 중절을 강요한 경우가 상당히 많다. 여성들은 그 경험으로 인해 '배신'의 상처가 더 깊고 커진다. 상대 남성이 자신의 아이를 책임지려고 하지 않는 사실에 엄청난 충격을 받는 것이다.

앞서 '지배하는 사람'은 남을 쉽게 믿지 않는다고 설명했다. 하지만 성적으로 끌리지 않는다면 조금은 더 신뢰하기 쉽다. 그는 상당히 매력적이지만 '배신'의 상처가 깊을수록 이성과 연애하기보다 친구로서 사귀는 것을 더 좋아한다. 친구가 훨씬 더 신뢰할 수 있기 때문이다. 반면 그들은 이성을 지배하기 위해 '유혹'이라는 수단을 자주 쓰는데 대부분 성공한다. 수단의 선택이 상당히 교묘하기 때문이다. 일례로 '지배하는 사람'은 장모님의 환심을 사서 '마음에 드는 사위'가 되는 경우가 많다.

한편 그들은 자신을 속이려는 사람을 광장히 경계한다. 누군가가 자신을 '유혹'하려고 하면 곧장 그것을 꿰뚫어보고 유효한 수단을 행사한다. 여기서 '유혹'이라는 것은 단순히 성적인 면에만 국한되지 않는다. 인생의 모든 면에서 '유혹'은 있을 수 있다.

이별이 두려워 관계 맺기를 꺼리다

'지배하는 사람'이 가장 두려워하는 것은 '분리'되는 것이다. 대표적인 분리의 한 형태인 이별은 '지배하는 사람'에게 가장 견디기 힘든 사건이다. 그에게 이별은 심각한 패배를 의미한다. 원인이 자신에게 있다면 배신자라고 비난받을까 봐 두려워하고 상대방의 탓이라면 배신자라고 질책한다. 게다가 이별은 자신이 더 이상 그 관계를 지배할 수 없다는 사실을 일깨워준다. 그렇지만 아이러니하게도 가장 자주 이별을 겪는 유형도 '지배하는 사람'들이다. 그들은 타인과 관계 맺기를 꺼리는데 헤어질까 봐 두려워서다.

이별에 대한 공포 때문에 그들은 연애할 때도 어정쩡한 관계를 유지하는 경우가 많다. 약혼이나 결혼 같은 진지한 관계를 맺고 싶지 않은 자신의 속내를 숨기기 위해서다. 두 사람 모두가 '지배하는 사람'이라면 둘 사이가 원만하지 못해도 둘 중 누구 하나 '우리 헤어지는 편이 좋겠다'고 말하지 못한다. 그들이 결혼이나 동거를 한다면 완전히 하나가 되든지 아니면 완전히 남남이 된다. 즉 서로를 상대의 일부처럼 생각하면서 일체감을 느끼거나 서로 떨어져 나간 것처럼 분리되었다고 느끼는 것이다. 특히 상대방이 자신에게 전혀 고마워하지 않는다고 느낄 때 서로 분리되었다고 생각한다. '지배하는 사람'에게 '분리'는 그야말로 떨어져 나가는 것이다. 사실 '지배하는 사람'은 늘 '분리되다'라는 말을 자주 쓴다. 예를 들어 "나는 몸이 분리되는 것처럼 느껴져요."라고 말하곤 한다.

부인 E의 이야기를 예로 들어보자. 그녀는 남편과 오해나 문제가 생기면 '몸이 두 쪽으로 떨어져 나가는 느낌이 든다'고 했다. 남편과 헤어질까 봐 두려워서 절망적인 기분이 들고 전혀 자신을 믿을 수가 없다고 말이다. 그녀는 '버림받음'의 상처도 있었기 때문에 한층 더 이혼이 두려웠을 것이다.

'지배하는 사람'이 이별을 두려워하는 것은 일할 때도 잘 드러난다. 그는 무슨 일을 하건 손을 잘 떼지 못한다. 회사를 경영한다면, 형편이 나빠져서 엄청난 빚을 지게 되어도 좀처럼 회사를 정리하지 못한다. 대체적으로 유능한 '지배하는 사람'은 회사에서도 관리직인 경우가 많은데 다른 회사에서 더 좋은 조건을 제시해도 좀처럼 회사를 그만두지 못한다. 반대의 경우도 많다. '지배하는 사람'인 경영자는 성실하고 능력 있는 인재를 놓아주는 것을 매우 힘들어한다. 또한 그들이 회사를 떠나기로 결정하면 엄청난 분노를 느낀다.

'지배하는 사람'이 두려워하는 또 한 가지는 상대로부터 '부정' 당하는 일이다. 그들에게 '부정'은 '배신'이나 마찬가지다. 그러면서도 본인은 남들을 자기 인생에서 배제함으로써 부정하고 있다는 사실을 전혀 알아차리지 못한다. 예를 들어 '지배하는 사람'은 신뢰를 잃은 사람에게는 다시 기회를 주지 않는다. 말도 걸지 않을 정도로 말이다. 기대한 만큼 일이 진행되지 않으면 화를 내고 대화 도중이라도 상대방에게 등을 돌린다. 전화 통화중이었다면 말도 없이 끊어버릴 것이다.

앞서 '지배하는 사람'은 비겁하고 거짓말을 하는 사람과 위선자를 용서하지 않는다고 했다. 그런 사람은 철저히 부정하는 것이다. 특히 누군가와 헤어지고 나면 상대를 부정한다. '지배하는 사람'이 "그 사람과는 더 이상 만나고 싶지도 엮이고 싶지도 않아요."라고 말하는 것을 나는 정말 자주 들었다. 하지만 자신이 그런 식으로 타인을 부정한다는 사실은 전혀 깨닫지 못한다.

버림받고 배신당한 사람들

대부분의 '지배하는 사람'은 '배신'보다 먼저 '버림받음'의 상처를 키우는 것 같다. 어릴 적 자신의 의존적인 면(버림받음의 상처)을 인정하지 못했던 사람은 열심히 상처를 숨기는 능력을 키운다. 그때 '지배하는 사람'의 가면을 만드는 것이다. 이들을 가까이서 찬찬히 살펴보면 그 슬프고 처진 눈 속에서 '의존하는 사람'의 가면을 발견할 수 있다. 처진 입이나 몸의 일부가 힘없이 늘어진 것을 알아차릴 수도 있다.

버림받은 아이 혹은 충분한 사랑을 받지 못한 아이가 최선을 다해 이성의 부모를 '유혹'하려는 것은 충분히 상상할 수 있다. 그들이 자신에게 관심을 가지고 보살펴준다고 느끼고 싶기 때문이다. 그래서 말 잘 듣고 사랑스러운 아이가 되면 부모가 자신을 특별 취급을 하면서 보살펴주리라 믿는 것이다. 그런 식으로 부모를 지배하려고 할수록 더 많은 것을 기대하게 된다. 그러나 자신의 기대가 충족되지 않으면 부모에게 배신당했다고 느낀다. 그럴수록 점점 더 지배하려고 애쓰다가 자신을 보호해줄 단단한 껍질을 스스로 쌓아올린다. 훗날 배신당하거나 버림받는 상처로 인해 고통받지 않기 위해서다. 자기 안의 '의존하는 사람'이 자립할 수 있도록 격려하는 이는 바로 또 다른 자기 안의 '지배하는 사람'이다.

어떤 사람들은 '버림받은 상처'가 '배신당한 상처'보다 더 두드러지고 또 어떤 사람들은 그 반대다. '배신'의 상처가 더 뚜렷한 사람은 '지배하는 사람'의 가면이 더 우세하다. '버림받은 상처'를 살펴본 3장에서 보디빌딩으로 근육을 키우는 남성들에 대해 이야기했다. 훈련을 그만두면 그들은 금방 살이 찌고 기운이 없어지는데 '배신'과 '버림받음'의 상처를 동시에 지닌 전형적인 사람들이라고 할 수 있다.

자신은 '지배하는 사람'이지 '의존하는 사람'은 아니라고 느낄 수 있다. 하지만 그럴 가능성이 전혀 없지는 않다. 어쩌면 당신은 '배신'의 상처뿐 아니라 '버림받음'의 상처까지 껴안고 있을지 모른다. 일상생활에서 가장 많이, 또 자주 아픈 상처가 제일 심각한 상처다.

오랜 세월에 걸쳐 관찰한 결과 나는 다음과 같은 사실을 확인했다. 버림받음의 상처를 지닌 사람은 반드시 배신의 상처를 껴안고 있지는 않지만, 배신의 상처를 입은 사람은 버림받는 고통을 늘 함께 겪는다는 사실이다. 어릴 적에 '버림'의 상처를 입은 사람은 대부분 나이가 들면서 '배신'의 상처가 몸에 드러나는 경우가 많았다. 물론 그 반대 현상도 종종 볼 수 있다. 몸은 늘 변화하면서 우리 내면에서 일어나고 있는 일들을 정확히 알려준다.

지금까지 살펴본 것처럼 버림받을까 봐 두려워하는 사람과 배신을 두려워하는 사람은 몇 가지 공통점이 있다. 두 사람 모두 타인의 관심을 끌고 싶어 한다는 것이다. '의존하는 사람'은 자신을 보살펴줄 사람을 찾기 위해, '지배하는 사람'은 상황을 지배하거나 자신의 힘을 과시하고 강한 인상을 남기기 위해 타인의 관심을 끌고 싶어 한다.

직업으로 보면 '의존하는 사람'은 배우나 가수 중에 많이 보이며 '지배하는 사람'은 사람을 웃기는 코미디언이나 개그맨 중에 많다. 양쪽 모두 연기하는 것을 좋아하지만 이유는 다르다. 또 '지배하는 사람'은 더 많은 '공간'을 차지하고 싶어 한다. 즉 남들이 보기에 존재감이 뚜렷한 사람이고 싶어 한다. 그들은 배우자가 자신보다 더 많은 공간을 차지하는 것을 좋아하지 않는다.

워크숍에 참가한 여성의 이야기를 들어보자. 그녀는 남편과 함께 사업을 하는데, 둘이 사이가 좋을 때는 모든 것이 잘 풀리지만 그녀 혼자 판단하고 결정했을 때 더 실적이 좋으면 당장 사이가 껄끄러워진다고 한다. 무의식적으로 경쟁하는 관계가 되어버리기 때문이다. 남편은 자신이 배신당했다고 느끼고 그녀는 자신이 남편을 버렸다고 느끼며 스스로를 탓하는 것이다.

'지배하는 사람'에서 '뛰어난 지도자'로

'지배하는 사람'은 하나를 선택했을 때 다른 무언가를 잃어버릴 상황에 처하면 제대로 결단을 내리지 못한다. 본인이 지배할 수 없는 상황이기 때문이다. 이는 '지배하는 사람'이 때때로 우유부단해 보이는 이유다. 그러나 스스로에게 자신이 있다면, 특히 상황을 지배할 수 있다는 확신이 들면 아무 문제없이 결정을 내릴 수 있다.

덧붙여 '지배하는 사람'은 타고난 지도자가 많다. 따라서 기업에서도 대표인 경우가 많은데 그들은 아랫사람에게 과도한 기대를 하고 그들을 지배하려고 들기 때문에 스트레스를 많이 받는다. 한편 타인이나 상황을 지배하지 못할 경우 스스로 지도자의 자격을 잃었다고 생각한다. 하지만 사실은 정반대다. 지배하기를 그만두고 관리하고 돌보는 일에 전념하면 훨씬 더 훌륭한 지도자가 될 수 있다. '지배하다'와 '지도하다'는 본질적으로 다른 행위다. '지배한다'는 공포심을 이용해 타인을 자기 생각대로 조종하는 일인 한편 '지도한다'는 다른 사람에게 나아갈 방향을 제시하는 일이다.

사랑 앞에서 도망치는 유혹자들

'지배하는 사람'은 '유혹자'이기도 하므로 행복한 성생활을 유지하기 어렵다. 유혹이 성공한 순간에만 만족하기 때문이다. 그래서 그들은 '사랑에 빠지는' 일을 정말 좋아한다. 연애의 열정적인 순간만을 즐기는 것이다. 열정이 식기 시작하면 무슨 수를 쓰더라도 상대가 먼저 헤어지자는 말을 꺼내도록 꾸민다. 그래야 자신은 배신하지 않았다고 느낄 수 있기 때문이다.

'지배하는 사람'인 여성은 자주 남자에게 지배당한다고 생각하므로 경계심이 강하다. 그녀는 자기가 원할 때만 섹스를 한다. 혹은 스스로 상대의 유혹에 빠지기로 결심하거나 상대를 유혹하고 싶을 때만 섹스를 한다. 그 외는 패배했다고 느끼기 때문이다. '지배하는 사람'인 남성 역시 하고 싶을 때만 섹스를 한다.

'지배하는 사람'은 여성이든 남성이든 자신이 원할 때 상대가 거절하면 배신감을 느낀다. 사랑한다면서 어떻게 섹스를 통해 한 몸이 되는 기쁨을 거부하는지 도저히 이해하지 못한다. '지배하는 사람'의 성적인 문제는 주로 어릴 시절 지나치게 이성의 부모와 일체감을 느끼기 때문에 발생한다. 즉 오이디푸스 콤플렉스가 제대로 해결되지 않아서 성인이 된 이후까지 수많은 성적 문제에 시달리는 것이다.

그들은 이성의 부모를 지나치게 미화하고 이상화한 탓에 자신의 배우자나 애인은 도저히 기대를 충족시킬 수 없다고 믿는다. 이런 성적인 문제에도 불구하고 '배신'의 상처로 고통받는 사람들은 남보다 훨씬 더 애인이나 사랑하는 사람을 원한다. 그들은 자신의 그런 욕구가 생각이나 행동 속에서 '배신'의 상처를 더 크고 깊게 만든다는 사실을 알지 못한다.

따라서 '지배하는 사람'은 섹스에 관해 일종의 장벽을 만든다. 어릴 때 강력한 성적인 에너지를 키우지만 오랜 세월 공포에 시달린 나머지 그 힘의 대부분을 가두어버린다. 그들의 몸에서도 확인할 수 있다. 골반 주변이 불룩 튀어나와 있다면 그곳에 성적 에너지가 뭉쳐 있는 것이다. 또 '지배하는 사람'은 그럴 듯한 핑계를 대서 자신의 생활양식에서 완전히 섹스를 단절시키기도 한다.

지금까지 살펴본 내용으로 쉽게 짐작할 수 있듯이 '지배하는 사람'들은 '배신당한 상처'로 인해 의사소통에 문제가 있다. 만일 아래와 같은 두려움을 느끼고 있다면 자기 자신을 잃고 '배신'의 상처에 지배당하고 있는 것이다.

- 상대를 설득하지 못할까 봐 두렵다.
- 거짓말에 속거나 자신이 거짓말쟁이로 생각될까 봐 두렵다.
- 상대방이 화를 내거나 혹은 내가 화를 낼까 봐 두렵다.
- 속을 다 털어놓게 될까 봐 두렵다.
- 연약함을 들킬까 봐 혹은 상처받기 쉬운 인간으로 보일까 봐 두렵다.
- 상대에게 조종당하거나 유혹에 빠질까 봐 두렵다.
- 약속에 얽매일까 봐 두렵다.

'배신당한 상처'가 깊다는 것은 자기 자신과 타인을 빈번히 배신한다는 증거다. 스스로를 믿지 못하고 자신과의 약속을 지키지 않기 때문에 그런 결과가 나타나는 것이다.

3

힘을 주장하는 '지배하는 사람'의 신체

지배하는 사람 vs. 마조히스트

'지배하는 사람'의 몸은 힘을 과시한다는 인상을 준다. "나는 책임감이 넘치는 인간입니다. 나를 신뢰해도 좋습니다."라고 말하는 것 같다.

남성의 경우 어깨가 떡 벌어져서 건장하게 보인다. 실제로 어깨가 넓지 않아도 첫인상을 중요하게 생각해야 한다. 만일 처음 만났을 때 상반신이 하반신보다 더 강력한 에너지를 발산하고 있었다면 그는 '배신'의 상처로 고통받고 있기 쉽다. 또 달라붙는 티셔츠를 입고 상반신의 우람한 근육을 과시한다면 이 사람의 '배신'의 상처는 훨씬 심각하다.

여성은 오히려 허리나 엉덩이, 배, 허벅지 부근에서 힘을 느낄 수 있다. 허벅지 바깥쪽의 승마살이 불룩 튀어나왔다면 틀림없이 힘을 주장하는 '지배하는 사람'이다. 상반신은 홀쭉한데 하반신에 살과 근육이 많은 서양 배 체형이 두드러진다면 '배신'의 상처가 크다고 볼 수 있다. 이런 경우는 상반신과 하반신이 서로 균형을 이루지 못하고 비대칭적이므로 '거부'의 상처와 밀접한 관련이 있다. 예를 들어 어떤 여성이 하반신보다 상반신이 더 발달되어 있다면 그녀는 성적인 삶과 창조적인 힘에서 심각한 거부의 상처를 겪고 있는 것이다. 반면 상반신이 하반신보다 허약한 남성은 자신을 사랑하고 결단을 내리며 자신의 본성을 받아들이는 과정에서 더 심한 거부의 상처를 겪고 있는 것이다.

물론 하반신이 발달한 남성이나 상반신이 발달한 여성이 '지배하는 사람'일 수도 있다. 단 그들의 상처는 이성의 부모가 아니라 동성의 부모와의 관계 속에서 만들어졌을 것이다. 그들 대부분은 이성의 부모에 대한 오이디푸스 콤플렉스를 제대로 극복하지 못했다. 동성의 부모에게 더 강하게 끌리기 때문에 이성의 부모를 무시한 것이다. 하지만 이런 경우는 상당히 드물다.

일반적으로 '지배하는 사람'은 존재감이 뚜렷하고 신체가 상당히 잘 발달했다. 마치 "나를 좀 봐!"라고 말하는 듯하다. 체중이 평균보다 훨씬 많이 나가도 뚱뚱해 보이지 않는다. 오히려 건장한 인상을 준다. 특히 뒤에서 보면 전혀 살쪄 보이지 않는다. 단 앞에서 보면 배가 좀 나왔는데 '뱃심이 좋다'는 말이 있듯 두둑한 배를 내

밀며 '난 유능한 사람이야' 하고 주장하는 것 같다.

무의식적으로 자신이 충분히 자리를 차지하지 못하고 있다고 생각하는 사람은 체중을 늘리는 경향이 있다. 살이 쪘다고 해서 모두가 '마조히스트'는 아니다. '마조히스트'에게 체중 증가는 스스로를 부끄럽게 만드는 또 다른 수단이다.

'지배하는 사람'의 강렬한 눈빛은 빨려들 것처럼 매력적이다. 그가 지긋이 바라보면 누구나 특별하고 소중한 존재가 된 기분이 들 것이다. '지배하는 사람'은 주변에서 일어나는 모든 일을 재빨리 파악하는 능력이 있다. 자신을 방어하고 싶을 때는 그 강렬한 눈빛을 이용해 아무도 다가오지 못하게 한다. 또 상대방을 꼼짝 못하게 한 채 위아래를 샅샅이 살피며 위압적인 분위기를 풍긴다. 그런 식으로 자신의 연약함과 상처받기 쉬움, 무력감을 들키지 않으려는 것이다.

몸의 어디서 힘과 에너지를 느낄 수 있느냐에 따라 그 사람이 어떤 일로 배신당할까 봐 두려워하고 스스로를 방어하려는지 짐작할 수 있다. 예를 들어 남성이든 여성이든 허리 부근의 살집이나 근육이 발달하고 배가 무언가를 지키려는 듯 튀어나왔다면 특히 이성에 대해 성적인 분노를 느끼고 있다는 뜻이다. 어린 시절 성적 학대를 경험했을 가능성이 높고 그 때문에 성적으로 과도하게 방어적인 태도를 취하는 것이다.

만일 신체적으로는 '지배하는 사람'의 특징이 나타나지만 성격은 내성적이라면 알아차리기 어려울 수 있다. 그럴 때는 주변 사람들에게 확인해보자. 그러면 당신이 어떤 가면을 쓰고 있는지 알 수 있다.

식사에서조차 결정권을 쥐려는 태도

'지배하는 사람'은 상당히 빨리 먹는다. 먹는 데 쓸데없이 시간을 낭비하고 싶지 않아서다. 중요한 일이 있으면 끼니를 놓칠 때도 있다. 먹는 일은 별로 중요하지 않다고 생각한다. 하지만 일단 먹기 시작하면 많이 먹고 즐기며 먹는다. 가끔 절제력을 잃고 몸이 요구하는 이상으로 과식하기도 한다.

'지배하는 사람'은 다섯 가지 가면을 쓴 사람 중에서 유일하게 자기 입맛에 맞추어 음식에 소금이나 후추를 뿌린다. 음식 맛도 보기 전에 소금부터 뿌리는 사람도 있다. 대화에서 결정권을 쥐고 싶은 것처럼 음식의 맛도 자신이 결정하겠다는 행동이다.

타인을 갈구하면서도 거부하는 그들의 질병

마지막으로 '배신'의 상처를 지닌 사람들이 걸리기 쉬운 질병을 살펴보자.

- **광장공포증**: 이들은 '의존하는 사람'과 마찬가지로 타인과 융합하려는 경향이 있어서 광장공포증에 걸리기 쉽다. 같은 광장공포증이지만 '의존하는 사람'은 죽음을 두려워하는 데 반해 '지배하는 사람'은 광기를 두려워한다.

- **관절의 강직**: 몸의 관절 곳곳에 강직이 일어나기 쉽다. 특히 무릎 관절에 문제가 많이 생긴다.

- **출혈이나 설사, 발기부전**: 출혈이나 설사, 발기부전처럼 몸의 기능을 제대로 조절하지 못해서 걸리는 질병에 가장 취약하다.

- **마비 증상**: 탈진한 것처럼 완전히 무력감을 느낄 때 신체 각 부분에 마비가 올 수 있다.

- **간과 위장 질환**: 소화기 관련 질병, 특히 간과 위장 질환에 많이 시달린다.

- **각종 염증**: '지배하는 사람'은 다른 가면을 쓴 사람에 비해 각종 염증에 시달리기 쉽다. 상대방에게 많은 것을 기대하면서 신경질과 분노, 욕구 불만에 시달린 결과다.

- **구강 헤르페스**: '지배하는 사람'은 구강 헤르페스에 자주 걸린다. 의식적이든 무의식적이든 이성을 '너무하다, 화가 난다, 더럽다'와 같은 표현으로 비난할 때 나타나는 증상이다. 동시에 이성을 거부하는 방법이기도 하다. 그 상태로는 남에게 키스를 할 수 없기 때문이다.

위와 같은 질병은 '배신당한 상처'를 지닌 사람들에게 주로 더 많이 보인다. 상처의 크기와 고통의 깊이에 따라 어떤 이는 가끔씩 가면을 쓰고 또 다른 이는 늘 가면을 쓴 채 살아간다.

'지배하는 사람'의 행동에 나타나는 특성은 '배신당한 상처'를 두 번 다시 겪고 싶지 않아 만들어진 것이다. 개인에 따라 어떤 것은 맞고 어떤 것은 해당되지 않을 수 있다. 지금까지 살펴본 특성을 모두 갖춘 사람은 아마 없을 것이다.

상처에는 그에 어울리는 마음의 태도와 행동이 있다. 각각의 상처에 대응하는 법, 생각하는 방식, 이야기하는 법, 행동 양식은 자기가 경험한 일에 대한 반응으로 형태가 갖추어진다. 즉 우리가 느끼고 생각하고 말하고 행동하는 방법은 모두 우리가 경험한 일에 대한 '반응'이 만들어낸다는 사실을 깨달아야 한다.

Chapter 6

'부당함',
냉소와 독선의 ──
── 원동력

1

'부당함'의 상처를
가진 사람들

동성의 부모가 만드는 상처

우리는 어떤 상황이 비정상적이며 있어야 할 것이 빠졌다고 생각할 때 '부당하다'고 느낀다. 반면 '정당하다'는 권리가 존중되고 장점이 바르게 평가될 때 느끼는 감정이다.

부당한 대우 때문에 괴로워하는 사람은 정당하게 평가받거나 존중받지 못했으며 마땅히 받아야 할 것을 받지 못했다고 느낀다. 반면 생각 이상으로 많이 받았을 때도 부당하게 취급받았다고 느낀다. 결국 '부당함'의 상처는 남들과 똑같이 받지 못했거나 반대로 너무 많이 받았다고 느꼈을 때 만들어지는 것이다.

상처는 대개 개성이 발달하기 시작하는 네 살에서 여섯 살 무렵, 즉 자신이 남들과 다른 독립된 한 명의 인간이라고 의식할 무렵에 만들어진다. 개성을 제대로 표현할 수 없거나 타고난 본성을 유지할 수 없을 때 아이는 '부당하다'고 느낀다. '부당함'의 상처는 특히 동성의 부모와의 관계에서 만들어진다. 부모 본인이 자신의 감정을 제대로 느끼거나 표현하지 못할 때 아이는 부모가 '냉정하다'고 느끼고 괴로워한다. 즉 엄마의 차가운 태도가 딸에게, 아버지의 무관심이 아들에게 상처를 주는 것이다. 물론 부당함으로 고통받는 아이의 부모가 모두 실제로 냉담한 것은 아니다. 이미 짐작하겠지만 적어도 아이는 그렇게 느낀다는 뜻이다.

아이는 또 부모의 독선과 잦은 비난, 너그럽지 못하고 관습을 고집하는 태도 때문에 괴로워한다. 대부분의 부모 역시 어린 시절 그들의 부모에게 같은 상처를 받고 자랐다. 물론 부모와 아이가 상처를 경험하는 상대나 환경은 다르지만 아이는 부모도 자신과 같은 상처를 껴안고 있다는 사실을 느낀다.

내가 아는 '완고한 사람'들은 다들 사춘기 무렵 부모와 무척 사이가 좋았으며 친구처럼 지냈다고 강조한다. 하지만 보기에만 그랬을 뿐, 아이도 부모도 진짜 마음과 감정을 서로 나누지는 않았다.

감정을 죽이고 긍정을 가장하다

아이는 부당함을 느끼면 감정과 자신을 분리해버린다. 그렇게

하면 고통에서 도망칠 수 있다고 생각하기 때문이다. 그때 만들어
지는 것이 '완고한 사람'의 가면이다.

감정을 도려낸다고 아무것도 느끼지 않을 수는 없다. 오히려 '완
고한 사람'은 굉장히 예민하다. 그 예민함을 억누르고 숨겨서 남들
눈에 띄지 않게 만들었을 뿐이다. 또 그렇게 해서 자신은 아무렇
지 않다고 믿는 것이다. 때문에 이런 사람들은 감정이 없는 냉혈
한처럼 보인다.

'부당함'의 상처를 지닌 사람은 자주 팔짱을 낀다. 다섯 가지 상처
를 가진 사람들 중에 가장 빈번하게 그런 자세를 취한다. 명치* 부
근을 눌러 아무것도 느끼지 못하게 만들려는 것이다. '부당함'의 상
처를 지닌 사람이 감각을 차단하는 또 다른 방법은 검은색 옷을 입
는 것이다. '도피하는 사람'도 검은 옷을 좋아하지만 이유는 다르
다. 그들은 자신을 지우고 싶어서 어두운 색을 입는다. 따라서 '거
부'와 '부당함'의 상처를 함께 지닌 사람은 위아래 모두 검은 옷을 입
거나 어두운 색의 옷을 즐겨 입는다.

'완고한 사람'은 감동하거나 혼란을 느껴도 남에게 들키지 않으

---

*   Le plexus solaire(the solar plexus). 태양신경얼기 혹은 복강신경얼기라고도 한다. 명치와
배꼽 사이의 대동맥 근처에 자율신경 다발들이 뭉쳐 있는 곳이며 감성과 감정을 흡수하고
정화하는 기관으로 '복부의 뇌'라고 불린다. 흔히 격렬한 감정을 표현할 때 '명치끝이 아프
다', '명치가 답답하다'라고 말하는 데서 그 기능을 알 수 있다.

려고 애쓴다. 하지만 목소리부터 어색하게 변하기 때문에 상대방은 금방 눈치챌 수 있다. 그들은 난처할 때면 늘 웃음으로 무마하려 들기 때문에 정말 별일 아닌 일에도 자주 웃는다. 또는 '기분이 어떠세요?'라고 물으면 그는 기다렸다는 듯이 '최고예요!'라고 대답한다. 마치 자동응답기처럼 자신이 어떻게 느끼는지 확인도 하지 않고 대답한다. 하지만 이야기에 열중하다가 자기도 모르게 일이 잘 풀리지 않는다고 털어놓을 때가 있다. 상대방이 고개를 갸웃하며 "어? 아까는 최고라고 하지 않았어요?" 하고 물으면 '완고한 사람'은 당황해서 "아니, 뭐 사실 큰 문제는 아니에요."라고 웃으며 얼버무린다.

어릴 적부터 '완고한 사람'은 무조건적인 사랑을 받지 못한다고 느꼈다. 즉 자신의 존재 자체가 아니라 무언가를 해내야만 사랑받는다고 느낀 것이다. 물론 실제로 그랬는지 여부와는 상관없이 그렇게 느꼈다는 것이다. 덕분에 성인이 된 이후 혼자 힘으로 어떤 일이든 완벽하게 처리할 수 있는 능력을 갖추었다. 그는 문제에 부딪히면 무슨 수를 써서라도 해결하려고 애쓴다. 아무리 어려운 상황이라도 문제없다는 듯 행동하는데 그렇게 해서 괴로움을 느끼지 않으려는 것이다.

낙관적이며 긍정적인 성격이지만 정도가 지나칠 때도 있다. "괜찮아. 다 잘될 거야."라고 말만 하면 문제가 해결될 거라고 믿는다. 사실 그런 믿음 때문에 업무 능력을 기를 수 있었는지도 모른다. 안타까운 건 정말 속수무책인 상황에서도 남의 도움을 받지 않으려고 한다는 것이다. 그들은 예상치 못한 일이 벌어지거나 기대만큼 성과를 내지 못해 실망하더라도 "괜찮습니다. 잘될 거예요." 라고 끊임없이 말한다. 그런 식으로 감정을 숨기고 평온을 가장하는 데 익숙하다.

정의, 인생 최고의 선

'완고한 사람'은 오로지 정의와 공정성만을 추구한다. 그들은 완벽주의자인 경우가 많은데 자신의 말과 행동에 흠이 없으면 자동적으로 정당해진다고 믿기 때문이다. 따라서 자기 나름의 정당한 기준에 따라 완벽하게 행동한다고 생각하지만 그 행동이 타인에게 부당한 대우가 되는 것을 이해하지 못한다.

'완고한 사람'에게 '가치가 있다'는 것은 굉장히 중요한 개념이다. 그러므로 "당신, 정말 운이 좋았네요."라는 말을 듣기 싫어한다. 행운이었다거나 재수가 있었다는 것이 공정하지 않다고 생각하기 때문이다. 따라서 누군가 "운이 좋았네요!"라고 말하면 "아니요, 이건 운이 아니라 내가 노력한 결과예요."라고 반박할 것이다. 정말 단순히 운이 좋아서였다고 생각되면 마음이 편치 않고 누군가에게 빚진 기분이 들기 때문에 결과를 순순히 받아들이지 못한다.

'완고한 사람'은 늘 공정함을 추구하므로 지나치게 좋은 평가를 받는 것도 싫어한다. 어떤 일을 완수했을 때 더도 덜도 말고 딱 그만큼의 정당한 평가를 원한다. 성과에 비해 과분한 보상을 받으면 합당한 평가가 아니라고 생각하므로 받은 보상을 모두 날려버릴 상황을 일부러 만들기도 한다. 극단적으로 완고한 사람들은 자신이 보수를 받지 않도록 미리 방책을 세우기도 한다. 그만큼의 평가를 받으려면 탁월한 성과를 올려야 한다고 생각하기 때문이다.

'완고한 사람'은 어떤 분야의 권위자보다 자신의 생각이 옳다고 생각하면 끝까지 주장을 꺾지 않는다. 또 자신이 옳다는 것을 상대가 인정하도록 설득한다. 그는 누구보다 권위주의를 두려워하고 싫어한다. 어릴 때부터 권위적인 부모 밑에서 자랐기 때문이다.

어린 시절 그가 어떻게 생각하고 행동해도 옳은 것은 늘 부모였다. 자신은 정직하고 성실하게 일했는데 남들이 의심하고 이것저것 질문을 퍼부으면 '완고한 사람'은 심문당한다고 생각하고 부당함을 느낀다.

정확하고 분명한 그들의 언어

'완고한 사람'은 상황을 설명할 때 내용을 '정당'하게 만들고자 애쓰지만 의도와는 정반대의 결과를 낳는 일이 많다. 상황을 강조하고 싶은 마음에 과장해버리기 때문이다. '늘'이라든지 '결코', '단 한 번도' 혹은 '상당히'와 같은 말을 자주 쓴다.

예를 들어 어떤 '완고한 사람'인 여성은 남편에게 "당신은 단 한 번도 집에 붙어 있는 적이 없어. 늘 밖으로 나돌기만 하니까."라는 식으로 말한다. 그때 자신의 말투가 '부당하다'는 사실을 전혀 깨닫지 못한다. 아무리 그래도 어떻게 남편이 '단 한 번도' 집에 있은 적이 없다거나 '늘' 밖으로만 나돌 수 있겠는가. 그러나 '완고한 사람'에게는 본인이 당한 모든 일이 '굉장히 ~하다'는 식으로 느껴진다. 실제로도 그렇게 생각하고 또 말한다. 하지만 정작 남이 그런 식으로 말하면 못마땅해 한다. 그런 과장된 표현은 '정당'하지 않다고 생각하기 때문이다.

다른 가면을 쓴 사람에 비해 '완고한 사람'은 종교의 영향을 많이 받는다. 선과 악, 옳고 그름을 구별하는 일이 그들에게는 매우 중요하기 때문이다. 선과 악의 구별은 그들의 삶을 지배하는 기준이다. 이는 말투에도 여실히 드러난다. 자신의 이야기가 옳고 정당하다고 느끼도록 시작할 때는 '아시다시피'라고 입을 떼며, 끝낼 때는 '잘 아시겠지요?'라고 마무리한다. 그리고 '그야말로', '물론', '반드시'와 같은 표현을 많이 쓴다. 또 "그건 확실하지 않아."라는 말도 자주 한다. 그는 정확하고 분명한 설명을 좋아한다.

실수는 최대의 공포

'완고한 사람'은 틀리는 것을 두려워한다. 워크숍을 열면 항상 "이렇게 연습하는 것이 맞나요?" 하고 내용보다 방법을 물어보는 사람들이 있다. 볼 것도 없이 '완고한 사람'들이다. 연습을 통해 자신이 무엇을 느꼈는지 확인하고 스스로를 더 깊이 이해하기보다 어쨌든 자신이 제대로 하고 있는지에만 신경을 쓴다.

어느 날 '완고한 사람'과 상담 중에 최근에 발견한 그의 특징에 관해 이야기하게 되었다. 그는 내 말이 미처 끝나기도 전에 "그럼 어떻게 하면 고칠 수 있나요? 알려주세요."라고 물었다. 내 이야기를 자신의 고쳐야 할 점으로 생각하고 한시라도 빨리 완벽해지는 방법을 알고 싶었던 것이다. 만일 스스로 완벽하지 않다고 느끼면 필사적으로 남들이 눈치 채지 못하도록 애쓴다. '완고한 사람'은 그런 태도가 스스로에게 지극히 '부당하다'는 사실을 깨닫지 못한다. 무슨 일이든 즉시 해결하고 싶어 하고 상황에 대한 자신의 느낌을 확인할 시간조차 갖지 않는다. 자신이 약점을 지닌 인간이며 아직 해결해야 할 문제가 있다는 사실을 인정하려 들지 않는다.

'완고한 사람'은 자신이 옳지 않다고 생각할 때 얼굴이 금방 붉어진다. 예를 들면 상처를 준 사람을 용서할 수 없다거나 남들의 부당한 행동을 비난할 때 쉽게 얼굴이 빨개진다. 얼굴을 붉히는 것은 그런 말을 하는 자신을 부끄러워하고 있다는 뜻이다. 하지만 '완고한 사람'은 그런 이유로 자신이 얼굴을 붉힌다는 사실을 깨닫지 못한다. 아니 얼굴이 빨개진다는 사실 자체를 인식하지 못한다. 다섯 가지 가면 중 '완고한 사람'과 '도피하는 사람'이 자주 얼굴이 빨개지는데, 두 사람 모두 각종 피부병에 시달린다.

'완고한 사람'은 틀리는 것을 두려워하므로 '옳고 그름'을 두고 양자택일을 해야 하는 상황으로 자신을 몰아넣는다.

우리는 두려워하면 할수록

그 공포를 느낄 수밖에 없는 상황을 끌어당긴다.

예를 들어보자. 어떤 물건이 사고 싶지만 그럴 만한 여유가 없는 사람은 살지 말지 결정을 내려야 할 상황에 처한다. 또는 선택을 하고 나면 과연 그것이 옳았는지 다시 판단해야 하는 상황에 놓이기 쉽다. 워크숍에 참석했던 H씨는 모처럼의 휴가에 그동안 모아둔 돈을 다 쓰기로 하고 신나게 놀다 왔다. 그런데 얼마 있다가 집수리하는 데 그 돈을 써야 했다고 후회할 상황에 맞닥뜨리게 되었다. 이처럼 '완고한 사람'은 반복적으로 다가오는 선택적 상황에 잘못된 선택을 할까 봐 이미 결정을 내린 다음에도 과연 그 선택이 옳았는지 또 최선이었는지를 끊임없이 곱씹는다.

모든 것은 정확히 제자리에

'완고한 사람'은 또 모든 것이 제자리에 정돈되어 있기를 바란다. TV 리모컨이나 지갑, 휴대폰을 찾느라 온 집안을 헤매는 일은 딱 질색이다. 어떤 사람은 강박증이 아닐까 의심될 정도로 완벽하게 정리하지 않으면 견디지 못한다.

'완고한 사람'은 정확한 계산이 필요한 상황에서 자신의 진가를 발휘한다. 예를 들어 피자나 와인, 식사 요금을 사람 수대로 나눌 때 최고의 적임자는 '완고한 사람'이다.

레스토랑에서 수강생들과 회식을 할 때면 누가 어떤 식으로 요금을 지불하는지 흥미롭게 관찰하곤 한다. 만약 그 자리에 '지배하는 사람'이 있으면 거의 대부분 그들이 주도권을 쥐고 이렇게 말한다.

"사람 수대로 똑같이 나누어 내는 게 어때요? 그럼 계산도 빠르고 간단하잖아요."

얼마나 단호한 말투인지 다들 얌전히 따른다. '지배하는 사람'은 늘 그렇듯 재빨리 계산을 마치고 각자 얼마를 내야 할지 알려준다. '완고한 사람'이 반격에 나서는 것은 바로 그 순간이다. 그는 이 상황이 전혀 마뜩치 않다. 자신이 먹은 것보다 돈을 더 내야 할 경우에는 더욱 그렇다. 비싼 음식을 먹은 사람은 따로 있는데 일률적으로 같은 금액을 내는 것은 부당하다고 생각하기 때문이다. 상황이 이렇게 되면 보나마나 또다시 계산을 하게 된다.

지쳐 쓰러질 때까지

'완고한 사람'은 모든 면에서 자신에게 지나치게 요구한다. 자기 통제력이 뛰어나므로 과도한 업무도 잘 떠맡는다. 앞서 5장에서 살펴본 '지배하는 사람'은 자기 주변에서 일어나는 일은 무엇이든 빼놓지 않고 통제하려고 들었다. 반면 '완고한 사람'은 완벽주의자이므로 자기 자신을 통제하려고 한다. 나서서 일하는 편이므로 남들도 덩달아 그에게 많은 일을 맡긴다. 나는 '완고한 사람'인 여성들이 다음과 같이 투덜대는 것을 여러 번 들었다.

"다들 나한테만 시키면 어쩌자는 거야? 내가 무슨 슈퍼우먼이라도 되는 줄 알아?"

하지만 이것은 자기 자신에게 들으라고 하는 말에 지나지 않는다. 주변 사람들은 그녀가 스스로에게 얼마나 과도한 요구를 하는지 보여주기 위해 존재할 뿐이다.

워크숍에 참가한 '완고한 사람'인 남성 E는 다음과 같은 이야기를 털어놓았다.

"저는 어릴 적 아버지에게 자주 '넌 권리가 없어. 의무만 있을 뿐이야!'라는 말을 들었어요. 그 말이 가슴에 박혀서 평생 느긋하게 쉬어본 적이 없어요."

그는 끊임없이 무언가를 해야 한다는 강박에 시달리고 '의무'에 쫓기듯 살아왔다. 일상생활에서도 편히 쉴 수가 없고 혹은 그러려고 해도 심한 죄책감에 시달리게 된 것이다. 이런 사람들은 쉬거나 즐길 때도 반드시 그럴 만한 '정당한' 이유가 있어야 한다.

그들은 남들이 일할 때 아무것도 안 하고는 못 배긴다. 그것은 옳지 않은 일이기 때문이다. 그래서 자기도 모르게 팔다리가 긴장하기 시작한다. 일부러 신경 써서 뭉친 팔다리를 부드럽게 풀어주어야 한다.

내가 바로 그런 사람이었는데 그 사실을 깨달은 것은 불과 몇 년 전이다. 그날 나는 미용실 대기실에서 책을 읽고 있었는데 갑자기

쥐가 난 것처럼 다리가 뻣뻣하게 굳었다. 급하게 다리와 어깨, 그리고 팔까지 주무르면서 풀어야만 했다. 바로 전까지 내 몸이 긴장하고 있다는 사실조차 느끼지 못했는데 말이다.

'완고한 사람'은 자신의 한계를 깨닫기 어렵고 또 인정하지도 못한다. 무리하게 일하기 때문에 정신을 차렸을 때는 이미 탈진하기 직전일 때도 많다. 남에게 도움을 청하지도 못한다. 자신은 완벽하다고 생각하고 싶기 때문에 무슨 일이든 혼자서 해내려 한다. '완고한 사람'은 다섯 가지 가면 중에 가장 탈진증후군(번아웃)에 걸리기 쉬운 사람이다.

'타인의 도움 따윈 달갑지 않아.'

'완고한 사람'의 성격을 다른 상처를 지닌 사람들이 이해하기는 힘들 수 있다. 그들은 과소평가되거나 마땅히 받아야 할 것을 받지 못했을 때보다 남들에 비해 특혜를 받았을 때 더 격렬히 부당하다고 느끼기 때문이다. 그런 경우 '완고한 사람'은 자신이 받은 보상을 무의식중에 잃어버리거나 받지 않을 방법을 찾아낸다. 혹은 자신이 많이 받았다는 사실을 숨기려고 일부러 불평을 늘어놓는다.

또 어떤 이들은 받은 것을 되갚아야 한다고 믿기도 한다. 실은 내 자신이 '완고한 사람'이기 때문에 이런 성격을 정말 잘 이해할 수 있다. 나는 어릴 적부터 감사하게도 이런저런 재능이 많아서 여러 방면에서 성과를 올렸다. 선생님들의 귀여움을 독차지하기도 했다. 그래서 어릴 적부터 이미 나의 입장을 정당화하려고 가능한 한 다른 사람을 도우려 애썼다. 남보다 많이 가진 게 스스로도 '부당'하다고 느꼈기 때문이다. '완고한 사람'이 남을 도우려는 이유도 바로 그 때문이다.

따라서 '완고한 사람'이 선물을 받으면 얼마나 난처할지 쉽게 상상할 수 있을 것이다. 그들에게 선물은 빚이나 마찬가지다. 받은 만큼 돌려주지 않으면 '부당'하다고 느끼므로, 그럴 바에는 차라리 안 받는 게 낫다고 생각한다. 실제로 선물을 거절하는 경우도 종종 있다. 또 누군가 식사 대접을 하면 자기도 보답을 해야 하므로 일일이 기억하기 번거로워 아예 대접받기를 피한다. 어쩔 수 없는 경우에는 다음번에 반드시 대접하겠다고 결심한다.

스스로를 부당하게 취급하다

지금까지 살펴본 내용에서 알 수 있듯이 '완고한 사람'은 자기 자신을 그 누구보다 가장 부당하게 취급한다. 그는 자신을 쉽사리 비난한다. 예를 들어 사랑하는 사람이 필요한 것을 사지 못했는데 자기는 별 필요도 없는 것을 샀다면 스스로를 심하게 질책한다. 원하는 것을 살 때는 그 물건이 필요한 정당한 이유와 자신이 그럴 만한 사람이라는 점을 납득해야 한다. 그렇지 않으면 그들은 스스로를 부당한 사람이라고 혹독하게 비난한다.

워크숍에 참가한 '완고한 사람'들은 주변 사람들에게 "이건 일이지 노는 게 아니야."라고 강조한다. 또 먼 곳에서 와서 호텔에 묵어야 하면 가장 저렴한 방을 구한다. 그래야 죄책감을 덜 수 있기 때문이다. 또 그 사실을 가까운 사람들에게조차 숨기는데 "왜 그렇게까지 해서 워크숍에 참가하려고 해?"라며 부당한 취급을 받을까 봐 두렵기 때문이다. 이런 식으로 자신이 하는 일이나 산 물건을 숨길 때 '완고한 사람'은 죄의식뿐 아니라 수치심까지 느낀다.

사실은 나 또한 꼭 필요한 물건이 아닌데 사고 싶어서 구입하면 금방 잃어버리든지 고장을 내곤 했다. 그런 사건이 여러 번 되풀이되고 나서야 비로소 내가 죄책감을 느끼고 있다는 사실을 깨달았다. 그때까지 의식적인 차원에서는 이미 나 자신을 받아들였고 죄의식을 느끼지 않는다고 확신하고 있었는데도 말이다.

머리로는 아무리 그럴듯한 핑계를 대봐도
그럴 만한 가치가 있어서 산 것이라 납득할 수 없다.

가슴속 깊은 곳에서 자신의 가치를 느껴야만
본인의 행위를 죄책감 없이 받아들일 수 있다.

내가 스스로에게 해준 가장 멋진 선물은 내가 보기에 아름다운
것, 특히 꼭 필요하지 않은 물건을 사주는 일이었다. 여전히 그것
이 정말 필요한지 아닌지 생각할 때가 있다. 그럴 때마다 '나한테
필요하거나 내가 그럴 만한 가치가 있어서가 아니야. 그저 내 마음
이 편해지니까 사는 거야'라고 생각하기로 했다.

'완고한 사람'이 자신을 부당하게 취급하는 또 다른 방법은 남과
비교하는 것이다. 특히 자기보다 뛰어난 사람과 끊임없이 비교하
면서 스스로를 비하한다. 그렇게 해서 자신의 존재를 거부하고 부
당하게 취급하는 것이다. '완고한 사람'은 어릴 때부터 부모에게
형제자매나 친구들과 비교당하는 것을 부당하다고 느끼며 부모
를 미워하고 원망했다. 하지만 그는 부모의 행동이 '완고한 사람'
스스로가 자신과 남을 비교하고 있다는 사실을 깨우쳐주기 위해
서라는 걸 깨닫지 못한다.

'부당함'의 상처를 지닌 사람은 당연한 일이지만 자신이 느끼기
에 부당한 상황을 자주 끌어들인다. 물론 '부당함'의 상처가 없는
사람은 같은 상황을 전혀 다르게 느낄 수 있다. 예를 들어보겠다.

여성 Y는 자신이 맏딸로 자라서 힘들었다고 털어놓았다. 장녀

라는 이유만으로 엄마를 도와 동생들을 보살펴야 했고 형제자매의 본보기가 되어야 했는데 늘 그 상황이 부당하게 느껴졌다고 했다. 반면 또 다른 여성 R은 셋째 딸이라 한 번도 새 옷을 입어보지 못하고 늘 옷을 물려받아야 하는 게 부당하다고 느꼈다. 또 워크숍에 참석했던 몇몇 사람들은 늙고 병든 부모를 자기 혼자 돌봐야 한다는 사실에 부당함을 느낀다고 했다. 그들이 무엇보다 참을 수 없는 것은 다른 형제자매들이 부모를 자신에게 떠맡기려고 갖은 핑계를 대는 일이다.

'완고한 사람'들이 삶의 곳곳에서 부당함을 느끼는 것은 결코 우연이 아니다. 상황이 그들을 괴롭히는 게 아니라, 오히려 그 반대다. '완고한 사람'이 지닌 '부당함'의 상처가 그 상황을 만들어내는 것이다. 상처가 치유된다면 더 이상 그런 일은 벌어지지 않는다.

자기 통제의 달인

앞서 '완고한 사람'은 스스로를 통제하고 의무를 지우는 데 뛰어나다고 했는데, 그 때문에 다이어트에 성공하는 사람들이 많다. '부당함'의 상처를 지니지 않은 사람, 즉 완고하지 않은 사람은 체중 조절이나 식사 제한을 하지 않는다. '완고한 사람'이 하는 식으로 자신을 통제할 수 없기 때문이다. '완고한 사람'은 어째서 '마조히스트'가 다이어트를 하지 않는지 이해하지 못하고 받아들이지도 못한다. 정말 원한다면 누구든 스스로를 통제할 수 있다고 믿기 때문이다. '완고한 사람'이 이처럼 스스로에게 의무를 지우는 이유는 자신이 꿈꾸는 이상형을 실현해서 완벽해지고 싶어서다.

완고하지 않은 사람은 '의지력'이 약한 자신을 탓할지 모른다. 하지만 '의지력'과 '통제'는 확실히 구별해야 한다. 자신을 '통제'하는 사람은 특별히 필요하지 않아도 스스로에게 많은 의무를 부과한다. 마음속에 '두려움'이 숨어 있기 때문이다. 반면 '의지력'을 지닌 사람은 자신이 무엇을 원하는지 잘 안다. 자신의 욕구와 한계를 존중하며 목표를 달성하기 위해 필요한 노력을 아끼지 않는다. 도중에 예기치 못한 일이 일어나도 유연하게 대처하고, 필요하다면 계획을 변경해서 결국 목표를 달성한다.

의지력이 아닌 통제로 스스로를 단속하는 '완고한 사람'은 자신이 정말 원하는 일인지, 자신에게 필요한 일인지 확인조차 하지 않는다. 스스로에게 "정말 이렇게 하고 싶은 거야? 이 방법으로 할 수 있다고 생각하는 거야?"라고 물어보지도 않는 것이다.

완고한 사람 vs. 지배하는 사람

'완고한 사람'도 '지배하는 사람'처럼 남의 일에 참견을 한다. 하지만 상대를 지배하거나 관심을 끌기 위해서가 아니다. 또 자신의 능력을 과시하기 위한 것도 아니다. '완고한 사람'이 타인의 문제에 간섭하는 경우는 그 사람의 발언이 부당하거나 옳지 않다고 생각했을 때뿐이다. '완고한 사람'은 남의 말을 고치지만 '지배하는 사람'은 남의 발언에 자기 생각을 덧붙인다. 두 사람 모두 남의 잘못을 지적하거나 비난하지만 경우가 다르다. '완고한 사람'은 상대가 능력을 충분히 발휘하면 더 많은 성과를 올릴 수 있다고 생각될 때 잘못을 지적한다. '지배하는 사람'은 상대가 자신의 뜻대로 움직이지 않으면 바로 비난을 퍼붓는다.

자신을 통제하는 방식과 목적도 다르다. '완고한 사람'은 남들에게 공정하지 못하게 비춰질까 봐 스스로를 통제한다. 반면 '지배하는 사람'은 사람과 상황을 효과적으로 지배하기 위해, 또 자신의 강인함을 과시하기 위해 스스로를 통제한다.

'완고한 사람'은 자기가 보기에 과분하게 많이 가진 사람을 부러워한다. 남들 역시 자신을 분에 넘치게 많이 가졌다고 부러워할 것이라고 믿는다. 한편 '의존하는 사람'이나 '지배하는 사람'은 부러움이 아니라 '질투'를 한다. '의존하는 사람'은 버림받을까 봐 두려워서, '지배하는 사람'은 배신당할까 봐 두려워서 질투를 한다.

'완고한 사람'은 '지배하는 사람'과 마찬가지로 시간 부족에 시달리지만 이유는 다르다. '완고한 사람'이 시간이 부족한 이유는 모든 것을 완벽하게 처리하려고 하기 때문이다. 반면 '지배하는 사람'은 남의 문제에 쓸데없이 참견하느라 늘 시간이 모자라다. '완고한 사람'은 시간 약속을 어기는 것을 극도로 싫어하지만 그럼에도 종종 늦고 만다. 준비하는 데 너무 많은 시간을 들이기 때문이다.

'완고한 사람'은 일반적으로 결혼에 적극적이지 않은데 배우자 선택에 실패할까 봐 두렵기 때문이다. 이 두려움은 '지배하는 사람'이 느끼는 공포와는 또 다르다. '지배하는 사람'은 이별을 두려워하지만 '완고한 사람'은 상대와 한 약속을 지키지 못할까 봐 두려워하는 것이다.

'완고한 사람'은 자신이 했거나 해야 할 일을 될 수 있으면 주변 사람들에게 알리려고 한다. '지배하는 사람'도 비슷하게 행동하지만 같은 이유는 아니다. '지배하는 사람'은 자신이 책임감 있는 인간이라는 사실을 보여주고 싶어서라면, '완고한 사람'은 행위에 대해 충분히 보상받을 만하다는 사실을 증명하고 싶기 때문이다. 따라서 그럴 때만큼은 사치스런 물건을 사거나 휴가를 써도 전혀 죄의식을 느끼지 않는다. 남들도 그런 자신의 행동을 정당하다고 여겨주길 바란다.

'완고한 사람'은 자주 스트레스에 시달린다. 모든 것을 완벽하게 해내려고 애쓰기 때문이다. '지배하는 사람'도 마찬가지로 스트레스를 받지만 그것은 성공하려는 욕심이 크기 때문이다. 실패해서 자신의 평판을 떨어뜨릴까 봐 두려운 나머지 어떻게든 성공하려 애쓰다 보니 스트레스가 쌓일 수밖에 없는 것이다.

2

완벽하기에
서툴 수밖에 없는 것

수단이 목적이 되다

'완고한 사람'은 '완고함'과 '규율'을 제대로 구별하지 못한다. 그는 종종 수단에 몰두한 나머지 목적 자체를 잊는다. 반면 '규율'을 지키는 사람은 수단 때문에 목적을 잊는 일이 없다. 예를 들어보자.

어떤 남성이 건강을 위해 매일 한 시간씩 산책하기로 했다. 그러니까 그의 목적은 건강 유지이고 산책은 수단일 뿐이다. 만일 그가 '완고한 사람'이라면 비가 오나 눈이 오나 산책을 나갈 것이다. 심지어 몸이 좋지 않아서 산책을 나가지 못하면 스스로를 심하게 나무란다. 어느새 산책이 목적이 되어버린 것이다.

반면 '규율'을 준수하는 사람은 왜 자신이 매일 산책하는지 결코 잊지 않는다. 날씨나 다른 이유로 산책하지 않는 게 낫다고 생각되면 쉬기도 한다. 무리하는 것이 가장 나쁘기 때문이다. 당연히 산책을 빼먹었다고 죄책감을 느끼는 일은 없다. 다음 날이면 또 기분 좋게 산책하러 나간다. 산책보다 수영이 건강에 더 좋다고 생각되면 방법을 바꿀 수도 있다. '규율'을 준수하는 사람은 하루 쉬거나 계획을 변경한다고 해서 목적 자체를 포기하지 않는다.

'완고한 사람'이 가장 자주 경험하는 감정은 '분노'다. 특히 스스로에 대해 분노한다. 그는 화가 나면 우선 남을 공격하지만 사실은 상황을 제대로 판단하지 못하고 적절히 처신하지 못한 자신에게 화를 내는 것이다. 예를 들어 친구에게 돈을 빌려주었다고 하자. 돈 문제에 대해서는 늘 미덥지 못한 친구였지만 얼마 있으면 들어올 데가 있으니 몇 주만 쓰고 돌려주겠다고 다짐해서 빌려주었다. 하지만 약속은 지켜지지 않았고 '완고한 사람'은 그럴 줄 알았으면서 또 다시 친구에게 기회를 제공한 자신에게 화가 나서 참을 수 없어 한다.

'완고한 사람'은 남들에게 기회를 주고 싶어 한다. 그것이 공정하다고 여기기 때문이다. 지나치게 '완고한 사람'은 아마 자신이 화가 난 상태를 못 본 척 눈감고 상대를 용서하면서 상황을 원만하게 해결하려고 할 것이다.

만일 돈을 빌려준 사람이 '지배하는 사람'이라면 배신당했다고 느낄 것이다. 물론 화도 내겠지만 '완고한 사람'과는 달리 믿었던 친구에게 더 심하게 분노한다. 돈을 돌려주지 않았고 약속도 지키지 않았기 때문이다.

'완고한 사람'은 사랑받는 데 참 서툴다. 또 좋아하는 마음을 솔직히 표현하지도 못한다. 용기를 내서 마음을 전하려고 하지만 때를 놓치는 경우가 많다. "이번에는 정말 고백해야지!" 하고 결심하지만 막상 기회가 오면 자기도 모르게 피한다. 그 때문에 정 없고 차가운 사람으로 보이기도 한다. 이런 식으로 '완고한 사람'은 남들을, 그리고 무엇보다 자기 자신을 부당하게 취급한다. 진짜 감정이 드러나지 않도록 스스로 단속하기 때문이다.

알고 보면 '완고한 사람'은 무척 섬세한 감정의 소유자다. 따라서 타인이 자신의 마음을 건드릴까 봐, 즉 자신을 기쁘거나 슬프게 하고 화나게 만들고 연민을 느끼도록 할까 봐 두려워 피한다. 두려움이 심한 나머지 피부병을 일으키기도 한다. 피부는 외부와 접촉할 수 있는 유일한 신체 기관이다. 남을 만지거나 또 남의 손길을 받는 곳이므로 피부에 문제가 생기면 결과적으로 타인을 멀리할 수 있다.

내 안의 상처가 대물림되는 순간

당신이 '부당함'의 상처를 지니고 '완고한 사람'의 가면을 쓰고 있다면 가장 먼저 해야 할 일은 하루 중 얼마나 자주 스스로 혹은 타인에게 부당하게 처신하는지를 깨닫는 것이다. 상처를 인정하기는 무척 힘들겠지만 일단 인정하고 받아들여야 한다. 그것이 치유를 위한 첫 걸음이다.

우리 아들이 열일곱이 되었을 때 일이다. 아들과 단 둘이 있을 때 물었다.

"있잖아. 지금까지 엄마가 널 제일 힘들게 했을 때가 언제야?"

그러자 아들은 이렇게 답했다.

"엄마가 날 부당하게 취급했을 때."

그 순간 나는 너무 놀라서 입을 다물 수 없었다. 그때까지 매순간 아이들에게 '공정한' 엄마가 되기 위해 그토록 애썼건만 마치 뒤통수를 얻어맞은 것 같았다. 하지만 아이의 입장에서 돌이켜보니 내 행동과 태도가 어떤 경우에는 매우 부당했었다는 사실을 받아들일 수 있었다. 뜻밖에도 아들의 몸에는 오히려 '배신'의 상처가 두드러졌다. 그는 내게 부당한 대접을 받으면서 배신당했다고 느꼈고, 그 사실에 대해 무관심했던 아버지를 부당하다고 생각했던 것이다. 따라서 아들의 몸에는 '부당함'과 '배신'의 상처를 모두 지닌 사람의 특징이 드러난다. 이런 경우는 드물지 않은데 이는 아들이 나뿐 아니라 남편과도 해결할 문제를 껴안고 있다는 의미다. 즉 이성의 부모인 나와는 '배신'의 상처를, 동성의 부모인 남편과는 '부당함'의 상처를 해결해야만 하는 것이다.

그 사건을 계기로 나는 내 안에 숨어 있던 '부당함'의 상처를 한 번 더 깨달았다. 그리고 상처를 치유하는 것을 이번 생의 중요한 과제로 삼게 되었다.

좋은 사람 콤플렉스

'완고한 사람'이 가장 두려워하는 것은 '냉담함'이다. 그는 남이 냉정한 것만큼이나 자신의 냉담함도 받아들이기 어렵다. 그래서 '다정함'을 보여주려고 최선을 다한다. 스스로를 따뜻한 사람이라고 믿기 때문에 남들이 자신을 차갑고 둔감한 사람이라 여긴다는 생각은 꿈에도 하지 못한다. '완고한 사람'은 자신의 '냉담함'을 받아들이지 못한다. 그 사실을 인정하면 본인은 심장이 없는 사람, 즉 부당한 인간이 되어버리기 때문이다. 따라서 '완고한 사람'에게는 남들이 자신을 좋은 사람으로, 즉 선의로 가득하며 좋은 행동을하는 사람이라고 생각하는 일이 무엇보다 중요하다. 그들은 우선자신을 완벽한 사람으로 생각한다. 그리고 다정한 사람이라고 생각한다. 따라서 타인의 차가운 태도를 받아들일 수 없다. 냉대를받으면 가슴이 아파서 견딜 수 없으며 자신이 무슨 잘못을 한 건지 끊임없이 곱씹는다.

'완고한 사람'은 또 숭고한 일에 매력을 느낀다. 그에게 명예와 존경은 똑같이 중요하기 때문이다. 중요한 직책에 있는 사람에게 쉽게 영향을 받는데, 지위를 높일 수만 있다면 더 열심히 일하고 어떤 희생도 감수할 것이다. 물론 이것을 전혀 희생이라고 생각하지 않는다.

환상적인 섹스를 꿈꾸다

'완고한 사람'은 대개 성생활에서 즐거움을 만끽하기 어렵다. 자신이 느끼는 모든 '부드러움'을 잘 표현하지 못하기 때문이다. 그럼에도 그들은 매우 관능적이고 매력적인 몸을 가졌다. 그래서인지 몸에 딱 붙는 섹시한 옷 입기를 좋아한다. 특히 '완고한 사람'인 여성은 상당히 '도발적'이다. 남성들을 유혹해놓고 자신에게 빠지면 매몰차게 차버린다.

'완고한 사람'인 여성은 십대 시절 스스로를 엄격하게 절제한다. 꿈꾸던 상대를 만날 때까지 자신을 순결하고 완벽하게 지키고 싶기 때문이다. 그들은 섹스에 대해 지나친 환상을 품고 있어서 비현실적일 정도로 이상적인 성관계를 꿈꾼다. 하지만 일단 상대에게 몸을 허락하고 나면 대부분 실망에 빠진다. 자신이 꿈꾸던 이상에 한참 미치지 못하기 때문이다.

'완고한 사람'은 마음속에 성적인 금기를 여럿 품고 있다. 그들 인생에서 무엇보다 중요한 '옳고 그름'의 구별이 성생활까지 지배하기 때문이다. 여성은 특히 쾌감을 느끼는 척하는 데 선수다. '부당함'의 상처가 깊을수록 그녀의 몸과 마음은 점점 더 '완고'해져서 오르가슴을 느끼기 어려워진다. 반면 남성은 발기부전이나 조루로 고민하는 경우가 많다. 자신에게 기쁨을 느끼도록 허락할 수 없기 때문이다. 관찰에 따르면 성매매 여성은 '완고한 사람'의 신체적 특징이 두드러진다. 그녀들은 오로지 금전적인 이익을 위해서만 성관계를 맺을 수 있다. 감정과 본인을 분리하는 능력이 다른 가면을 쓴 사람보다 훨씬 뛰어나기 때문이다.

자신을 표현할 수 없는 사람들

지금까지의 설명에서 알 수 있듯이 '부당함'의 상처를 지닌 사람들은 의사소통에 많은 어려움을 겪는다. 두려움으로 자신의 생각과 요구를 정확히 표현하지 못하기 때문이다. 그들이 느끼는 두려움은 다음과 같다.

- 틀리거나 실수하지 않을까?

- 태도나 행동이 분명하지 않으면 어쩌지?

- 기회를 놓치거나 때를 잘못 선택하지 않을까?

- 지나치게 말을 많이 하는 게 아닐까?

- 자제력을 잃고 흐트러지지 않을까?

- 요구가 많고 까다로운 사람이라고 생각하면 어쩌지?

- 남들을 질투하거나 시기하면 안 되는데…….

- 부당하게 이익을 취한다고 비난받지는 않을까?

3

'완고한 사람'들의
굳게 닫힌 몸

완벽하지만 '완고한' 신체

'완고한 사람'의 몸은 곧고 뻣뻣하며 늘 자세를 흐트러트리지 않으려고 애쓰기 때문에 금방 알아볼 수 있다. 바르게 펴진 어깨는 엉덩이와 비슷한 정도로 넓어 상당히 균형 잡히고 보기 좋은 몸매다.

체중이 늘 때도 있지만 몸의 균형을 무너뜨리지는 않는다. 이런 사람이 살이 찌는 이유에 대해서는 5장 '배신'의 상처를 입은 '지배하는 사람'의 가면을 설명하며 살펴보았다.

다섯 가지 가면 중 체중 증가를 가장 두려워하는 것은 '완고한 사람'이라는 사실을 기억하자. 그들은 살찌지 않기 위해서는 무슨 일이든 할 것이다. 특히 배가 나오는 것을 싫어한다. 서 있을 때는 늘 배에 힘을 주어 안으로 집어넣는다. '완고한 사람'인 여성은 납작한 뱃살이 여성으로서 자연스럽지 못하다는 사실을 인정해야 한다. 여성의 몸은 원래부터 둥글게 생겼으며 그렇지 않으면 여성스럽다고 할 수 없다.

'완고한 사람'은 여성이든 남성이든 엉덩이가 동그랗고 아름답게 생겼다. 여성들은 대개 체구가 작은 편이다. 그들은 몸에 딱 달라붙는 옷을 좋아하는데 특히 허리띠를 졸라매는 것을 즐긴다. 감정을 느끼는 부위인 명치 부근을 조여서 번잡스러운 감정들을 느끼지 않으려는 것이다.

**'완고한 사람'은 타인과의 접촉을 두려워하므로
몸 전체가 꽉 닫혀 있다는 인상을 준다.**

팔 특히 어깨부터 팔꿈치까지 몸에 딱 달라붙어 있으며 손바닥은 늘 주먹을 꽉 쥐고 있다. 앉거나 서 있을 때도 다리를 벌리지 않고 꼭 붙인다. 이런 태도는 '완고한 사람'이 자기 몸을 낮아서 외부와의 접촉을 거부하고 있음을 나타낸다.

'완고한 사람'들도 사실은 생생한 감정을 지니고 활달하게 움직인다. 그럼에도 그들의 몸은 유연성을 잃고 뻣뻣하게 굳어서 갇힌 느낌이다. 자주 팔짱을 끼는 걸 보면 잘 알 수 있다. 피부는 밝고 눈빛은 생생하게 빛난다. 아래턱은 힘을 주어 다물고 있으며 목은 강한 자존심을 드러내듯 꼿꼿하다. 목 주변에 자주 핏대가 서 있는 것을 볼 수 있다. 만일 이런 육체적 특징을 모두 갖추었다면 '부당함'의 상처 때문에 상당히 고통받고 있을 것이다. 이 중 몇 가지 특성만 보인다면 상처는 그렇게 심하지 않다고 할 수 있다.

한계에 다다를 때까지 아픔을 차단하다

'완고한 사람'은 몸이 아픈 경우가 거의 없다. 안 좋은 곳이 있어도 심각한 지경이 될 때까지 느끼지 못한다. 아니, 느끼려고 하지 않는 것이다. '몸의 소리'를 듣지 않기 때문이다. 기본적인 배설 욕구조차 남들보다 적다. 퍼렇게 멍이 들 정도로 부딪혀도 아픈 줄 몰라서 가끔 다리나 팔에 든 멍을 발견하고는 "어? 어디서 부딪혔지?" 하고 놀라기 일쑤다. 만일 조금이라도 아프면 즉시 스스로를 통제해 고통을 느끼지 않도록 만든다.

흔히 스파이 영화에서 고문당하거나 고난도의 액션을 구사하는 배우는 '완고한 사람'의 몸을 가진 경우가 많다. 경찰관도 '완고한 사람'의 신체적 특징이 두드러져서 제복을 입지 않아도 금방 알아볼 수 있다. 물론 다른 상처도 있을 수 있지만 이들이 현재의 직업을 선택한 이유는 그들 안의 '완고한 사람'이 이 땅에 '정의'를 지켜야 한다고 믿기 때문이다. 그럼에도 경찰이나 첩보원은 때때로 자신의 능력과 힘을 과시하기를 즐기는데 그들 안의 '지배하는 사람' 역시 이 직업을 선택했기 때문이다.

주변의 '완고한 사람'들이 "이 나이 먹도록 병원에 입원한 적이 없어. 웬만해서는 약도 잘 안 먹지."라며 자랑하는 것을 여러 번 보았다. 어떤 이들은 단골 병원이나 주치의도 없는데, 그러다 응급 상황이 생기면 도대체 어쩔 생각인지 모르겠다. 그들이 병원을 찾는 건 그동안 참아오던 병증을 더 이상 견딜 수 없을 때뿐이다. "난 느끼지 않을 거야."라고 결심한 탓에 고통의 한계를 깨닫는 데도 남들보다 오래 걸리기 때문이다.

아무리 뛰어난 사람도 자기 인생을 완전히 통제할 수는 없다. 그 사실을 잊지 말자. 사람은 누구나 육체적으로나 정신적으로, 또 감정적으로 한계가 있다. '완고한 사람'을 두고 사람들이 이렇게 말하는 것도 당연하다.

"지금껏 감기 힌번 안 걸리던 사람이 갑자기 쓰러지다니 믿을 수가 없어."

이런 상황은 결국 '완고한 사람'이 한계에 부딪혀 자기 통제력을 잃어버린 결과인 것이다.

먹고 후회하고 다이어트하고

'완고한 사람'은 단것보다 짜고 매운 음식을 좋아한다. 또 먹을 때 소리가 나는 음식을 좋아하는데, 예를 들면 오도독 소리를 내며 얼음을 깨 먹기 좋아하고 바삭거리며 부서지는 감자 칩을 자주 먹는다. 또 균형 잡힌 식사를 하려고 애쓴다. 다섯 가지 가면 중 '완고한 사람'이 가장 채식주의자가 될 가능성이 높다. 만일 채식을 선택했다면 몸에 필요해서라기보다 자신이 옳다고 느끼고 싶기 때문이다. 즉 살생하지 않는 것이 옳다고 생각하기 때문에 채식주의자가 되는 것이다. 실제 몸 상태로 따지면 오히려 단백질이 필요한 경우가 많다. 한편 고기를 좋아하지 않아서 채식주의자가 되는 사람도 있다. 그는 동물을 죽이지 않아도 되는 것을 기쁘게 생각한다. 이런 경우라면 몸에 무리가 가지 않는다.

평소 음식 종류를 지나치게 제한하는 탓에 반발 심리가 작용해 단것을 너무 많이 먹거나 과음하는 경우도 많다. 그럴 때 주변에 사람이 있으면 꼭 "오늘은 특별한 날이라서요. 평소에는 절대 이렇게 먹지 않아요."라고 변명을 한다. 특히 생일이나 기념일처럼 특별한 날에는 음식에 대한 절제력을 잃기 쉽다. 보통 때는 살찔까 봐 입에 대지 않던 음식도 거리낌 없이 먹는다. 물론 그때도 핑계는 잊지 않는다. "이런 건 보통 절대 먹지 않아요. 하지만 날이 날

이니만큼 먹어줘야죠." 바로 전에 같은 변명을 했던 사실을 완전히 잊어버리는 것이다. 하지만 먹고 나서는 "어쩌자고 그런 걸 먹었을까!" 하고 죄책감을 느끼며 스스로를 탓한다. 그리고 바로 다음 날부터 다시 혹독한 식사 제한에 돌입한다.

심각하진 않으나 낫지 않는 고질병

이제 '부당함'의 상처를 지닌 사람이 걸리기 쉬운 질병을 살펴보자.

- **근육의 강직**: 어깨나 등, 허리, 무릎, 발목, 팔꿈치, 손목 등 몸의 여러 부위가 뻣뻣해지고 긴장하거나 강직 증상을 일으킨다. '완고한 사람'은 관절을 뚝뚝 소리 내며 꺾는 것을 좋아하는데 긴장을 해소하려는 행동이다. 마치 '껍질'이 온몸을 둘러싸며 보호해주는 것 같지만 정작 그 껍질 밑에 무엇이 숨어 있는지는 느끼지 못한다.
- **탈진증후군**: 이미 설명했듯이 '완고한 사람'은 종종 탈진증후군에 빠진다. 한계를 넘어 무리하게 업무를 떠안기 때문이다.
- **각종 염증**: 힘줄에 생기는 건염(腱炎), 관절 부위에 생기는 점액낭염과 관절염 같은 각종 염증에 시달린다. 보통 염증은 마음속에 억눌린 화

가 몸으로 드러나는 것인데 '완고한 사람'은 자주 그런 상태에 빠진다.

- **기운목**: 목 근육이 뒤틀려 머리가 한쪽으로 심하게 기울어지는 증상이다. '완고한 사람'은 자신이 부당하다고 생각하는 상황을 차마 볼 수 없어서 기운목 증상을 일으킨다.

- **변비와 치질**: '완고한 사람'은 집착이 심해서 무엇이든 내려놓지 못하고 끌어안고만 있다. 그 상태가 변비나 치질로 나타난다.

- **경련**: 두려움 때문에 무언가를 꽉 붙잡거나 억눌렀을 때 나타난다.

- **순환기계 질환과 정맥류**: '완고한 사람'은 인생을 즐길 기회를 스스로에게 허락하지 않는데 그것이 순환기계 질병이나 정맥류로 나타난다.

- **각종 피부병**: 얼굴이 자주 붉어지고 피부가 건조해진다. 또 잘못을 저지르지 않을까, 체면을 잃지 않을까, 자신의 기대를 충족시키지 못하는 건 아닐까 하는 두려움이 얼굴에 여드름으로 나타난다. 건선은 각종 스트레스와 복합적인 자극이 원인이 되어 일어나는 염증성 피부병이다. '완고한 사람'은 자신만 행복해지는 건 불공평하다고 생각하므로 일이 잘 풀리거나 휴가를 떠나기 직전처럼 기분이 좋을 때는 건선 증상이 일어나기 쉽다. 또 그런 기분이 들 때마다 건선이 재발한다.

- **간 질환**: 간은 우리 몸의 노폐물을 해독하는 곳이다. '완고한 사람'은 늘 화를 참고 삭이기 때문에 간에 무리가 가서 문제가 생기기 쉽다.

- **신경증**: '완고한 사람'은 대부분 신경증에 잘 걸리지만 남들이 알아차리지 못하도록 통제하는 경우가 많다.

- **불면증**: '완고한 사람'처럼 모든 것을 완벽하게 마쳐야 직성이 풀리는 사람들은 불면증에 걸리기 쉽다. 할 일에 대해 생각이 너무 많아서 침대에 누워도 잠이 오지 않는다.
- **시력 저하**: 잘못된 결단을 내리거나 상황에 대해 잘못 판단했을 때 그런 사실을 차마 '볼 수' 없어서 시력에 문제가 생긴다. 불완전하다고 생각되는 것들은 차라리 보지 않기로 한 것이다.

이와 같은 질병은 다른 상처를 지닌 사람들에게서도 종종 나타난다. 단 '부당함'의 상처를 지닌 사람들에게 더 많이 보인다는 뜻이다. 또 '완고한 사람'의 질병은 대부분이 병원에 가야 할 정도로 심각하지는 않다. 내버려두면 저절로 낫거나 가정에서 치료할 수 있을 정도다. 원래 도와달라는 말을 못 하는 '완고한 사람'이 의사를 찾아갔다면 문제가 상당히 심각해졌다는 뜻이다.

숨겨진 '거부'의 상처

5장에서 '지배하는 사람'의 가면을 쓴 사람은 '배신'의 상처만이 아니라 '버림받음'의 상처도 감추고 있다고 지적했다. '완고한 사람'의 가면을 쓴 사람도 마찬가지다. 그는 '부당함'의 상처뿐 아니라 '거부'의 상처도 감추고 있다. '거부'의 상처는 태어나서 몇 달 뒤에 만들어진다. 그에 반해 '부당함'의 상처는 네 살에서 여섯 살 사이에 만들어진다.

어떤 이유에서든 거부당했다고 느낀 아이는 완벽한 아이가 되어 다시는 거부당하지 말자고 결심한다. 하지만 몇 년 동안이나 노력해도 사랑받지 못한다. 그때 자신을 둘러싼 상황이 부당하다고 느낀다. 나아가 부모에게 거부당하지 않으려는 마음에 자신을 통제하고 더 완벽해지려고 애쓴다. '완고한 사람'의 가면이 만들어지는 것이다.

한편 거부당했다는 아픔을 느끼지 않으려고 스스로를 자신의 감정에서 완전히 분리시켜버린다. '거부'의 상처보다 '부당함'의 상처가 더 두드러진다면 그 사람은 거부보다 부당함을 더 많이 겪은 것이다. 그 반대의 경우도 있을 수 있다.

'거부'의 상처로 고통받는 사람은 부당한 대우를 받아도 괴로워하지 않을 수 있다. 그러나 '부당함'의 상처를 지닌 사람은 반드시 '거부'의 상처 때문에 고통스러워한다. 두 상처의 관계를 깨닫고 나면 '완고한 사람'의 몸이 나이가 들면서 점점 마르고 허약해지며 '도피하는 사람'의 특징을 보이는 이유를 이해할 수 있다. 2장을 다시 읽어보자. 현대 의학에서는 이런 신체 증상을 '골다공증'이라고 부른다.

이 장에서 설명한 성격과 행동의 특성은 '완고한 사람'의 가면을 썼을 때만 나타난다. 가면이 시키는 대로 하면 더 이상 부당한 취급을 받고 괴로워하지 않으리라고 믿기 때문이다. 상처의 크기와 통증의 강도에 따라 '완고한 사람'의 가면을 가끔씩 쓰기도 하고 늘 쓰고 살아가기도 한다.

각각의 상처에는 그것에 어울리는 심리적 태도와 행동 양식이 존재한다. 상처에 대해 어떻게 느끼고 생각할지, 무엇을 말하고 행동할지는 자신의 경험에 대한 '반응'에 따라 이루어진다. '반응'하는 사람은 중심을 잡고 마음으로 느낄 수 없으므로 행복하게 살아갈 수 없다. 그러므로 당신은 자신이 언제 어떻게 '반응'하는지 깨달아야 한다.

다섯 가지 가면이 보여주는 행동 특징

상처를 치유하는 단계를 설명하기 전에 다섯 가지 가면을 쓴 사람들의 행동 양
식이 서로 어떻게 다른지 살펴보자. 어떤 식으로 말하고, 춤추며, 어떤 자동차를
좋아하고, 어떤 방식으로 앉는지는 각자가 쓰고 있는 가면에 따라 다르게 나타
난다.

목소리와 말투

- '도피하는 사람'은 힘없는 목소리로 웅얼거리듯 말한다.
- '의존하는 사람'은 아이처럼 혀 짧은 소리를 내며 불쌍하게 말한다.
- '마조히스트'는 상대에 대한 관심을 드러내려고 과장된 억양으로 말한다.
- '지배하는 사람'의 크고 힘 있는 목소리는 멀리서도 잘 들린다.
- '완고한 사람'의 말투는 절제되고 기계적이다.

좋아하는 자동차

- '도피하는 사람'은 남들 눈에 띄지 않는 무난하고 어두운 색깔의 차를 좋아한다.
- '의존하는 사람'은 보통 사람들은 구입하지 않는 색다르면서 승차감이 좋은
  자동차를 고른다.

- '마조히스트'는 갑갑할 정도로 작은 차를 타고 싶어 한다.

- '지배하는 사람'은 대형차를 선호하며 남들의 시선을 잡아끄는 자동차를 사고 싶어 한다.

- '완고한 사람'은 성능이 뛰어나고 정통적인 고급 승용차를 좋아한다.

앉는 자세

- '도피하는 사람'은 몸을 움츠리고 앉는다. 의자 위에서 양반다리 하기를 좋아하는데 발이 땅에 닿지 않아서 언제든 도망치기 쉽다고 생각하기 때문이다.

- '의존하는 사람'은 항상 의자 위에 늘어져 있다. 대개 등을 앞으로 구부린 채 팔걸이나 옆에 있는 의자에 기대어 앉는다.

- '마조히스트'는 다리를 크게 벌리고 앉는다. 보통 자신에게 맞지 않는 의자를 골라 앉기 때문에 몹시 불편해 보인다.

- '지배하는 사람'은 남의 말을 들을 때는 팔짱을 낀 채 몸을 뒤로 젖히고 앉는다. 반면 자기가 이야기할 때는 몸을 앞으로 쑥 내밀어서 상대를 설득하려는 자세를 취한다.

- '완고한 사람'은 허리를 꼿꼿하게 펴고 바른 자세로 앉는다. 양다리를 딱 붙이고 상반신과 줄을 맞추듯 앉아 있으므로 그들의 완고한 성격을 한눈에 알 수 있다. 간혹 다리를 꼬거나 팔짱을 끼는 건 눈앞에서 일어나는 일을 회피하기 위해서다.

춤추는 방식

- '도피하는 사람'은 춤을 썩 좋아하는 편은 아니다. 남들 눈에 띄고 싶지 않아서 춤출 때도 몸을 거의 움직이지 않는다. 온몸으로 "나 좀 쳐다보지 마세요." 라는 신호를 보낸다.

- '의존하는 사람'은 신체 접촉이 많은 춤을 좋아한다. 상대방과 밀착할 수 있기 때문이다. 파트너에게 그야말로 '의존하듯' 매달려서 춤춘다. "난 이렇게 사랑받고 있어요."라고 말하는 것 같다.

- '마조히스트'는 춤 자체를 즐기며 자신의 관능미를 마음껏 과시한다. 마치 "나 정말 섹시하지 않아요?" 하고 말하면서 춤추는 듯하다.

- '지배하는 사람'은 춤출 때 동작이 커서 공간을 많이 차지한다. 그 큰 몸짓은 마치 누군가를 유혹하려는 것 같다. 주목받는 것을 좋아하므로 "다들 날 좀 보세요!"라는 신호를 보내며 춤춘다.

- '완고한 사람'은 몸이 뻣뻣한 것치고는 리듬감이 뛰어나 춤을 꽤 잘 춘다. 체계적으로 춤을 배우고 싶어 하고 동작 하나 스텝 하나도 틀리지 않으려 애쓴다. 상당히 완고한 사람은 몸을 곧추세우고 한 발 한 발 박자를 세면서 춤춘다. 자신감에 넘쳐 "어때요? 나 정말 잘 추지 않아요?"라고 말하며 춤추는 것 같다.

다섯 가지 가면 안에 숨겨진 두려움

사람들의 신체적, 정신적 태도를 주의 깊게 관찰하면 그들이 어떤 가면을 썼는지 알아차릴 수 있다. 그리고 어떤 공포심이 특유의 행동을 부추기는지도 알 수 있다. 앞서 상처 입은 사람들이 저마다 느끼는 최대의 공포를 살펴보았지만 흥미롭게도 그들은 자신의 두려움을 전혀 의식하지 못한다. 물론 주변에서 보면 그가 무엇을 두려워하고 어떤 상황을 피하고 싶어 하는지 너무나 분명하다. 가면마다 가장 두려워하는 대상을 다시 한번 살펴보자.

• '도피하는 사람'이 가장 두려워하는 것은 패닉이다. 하지만 패닉에 빠질 것 같거나 빠지는 순간 바로 도망치기 때문에 그 사실을 깨닫지 못한다. 옆에 있는 사람은 그의 눈만 봐도 얼마나 당황하고 있는지 금방 알아차리는데 말이다.

• '의존하는 사람'이 가장 두려워하는 것은 고독이다. 어떻게든 혼자 있는 것을 피하기 때문에 잘 깨닫지 못할 뿐이다. 어쩌다 곁에 아무도 없으면 괜찮다고 스스로를 다독이지만 실제로는 불안해서 가만히 있지 못한다. 텔레비전을 보거나 전화를 하면서 최대한 혼자라는 생각을 지우며 시간을 보낸다. 가까운 사람들은 그가 혼자 있는 걸 얼마나 두려워하는지 잘 안다. 또 그 슬픈 눈

을 보면 사람들과 함께 있어도 외로움을 느끼고 두려워한다는 사실을 잘 알 수 있다.

- '마조히스트'가 가장 두려워하는 것은 자유다. 그들은 갖가지 제약과 구속 때문에 자유롭지 못하다고 생각하지만 정작 그 모든 상황을 만든 것은 그들 자신이다. 주변에서 보면 그는 더할 나위 없이 자유로운 사람이다. 어떤 일을 결정할 때도 남의 동의를 구하는 법이 없으며 원하는 일을 하고 싶을 때 할 수 있다. 세상을 향해 크게 열린 그의 눈동자를 보면 그가 모든 것에 흥미를 느끼고 좀 더 다양한 일을 경험하고 싶어 한다는 사실을 잘 알 수 있다. 그는 마음만 먹으면 무엇이든 자기가 원하는 대로 할 수 있다. 하지만 스스로 그 자유를 박탈해버린다.

- '지배하는 사람'이 가장 두려워하는 것은 이별과 부인이다. 정작 자신이 얼마나 많은 갈등과 문제를 일으켜 대화를 단절시키는지는 알지 못한다. 사람들과 헤어지고 상대를 부인하는 상황을 본인이 초래하는 것도 모르고, 그 상황을 두려워한다고도 생각지 않는다. 오히려 이별하면 상대에게 구속되지 않으니 잘된 일이라고 생각한다. 사교적이고 붙임성이 뛰어나서 원한다면 언제든 새로운 인간관계를 맺을 수 있다. 그 때문에 자신이 인생에서 얼마나 많은 사람들을 밀어내고 있는지 깨닫지 못한다. 물론 가까운 이들은 쉽게 느낀다. 그의 눈을 보면 잘 알 수 있다. 화가 나면 눈빛이 냉혹해져서 다들 두려워하며 그를 멀리할 정도다.

- '완고한 사람'이 가장 두려워하는 것은 냉담함이다. 자신이 차가운 사람이라고는 한 번도 생각한 적이 없다. 최선을 다해 주변 사람을 공평하게 대하고 모든 일을 원만하게 처리한다고 믿기 때문에 스스로를 따뜻하고 정 많은 사람이라고 생각한다. 친구들에게도 신의와 도리를 다한다고 생각하지만, 친구들이 보기에 '완고한 사람'은 때때로 무척 냉정하다. 차가운 눈빛뿐 아니라 무뚝뚝한 태도가 정이 없게 느껴지기 때문이다. 특히 조금이라도 자신이 부당한 취급을 받았다고 생각하면 더욱 냉담한 태도를 보인다.

Chapter 7

여러 개의 상처,

완전한

치유

1 / 치유의 첫걸음, 상처 깨닫기

필요한 건 '변화'가 아니라 '치유'

상처를 치유하려면 무엇보다 먼저 자신에게 상처가 있음을 깨닫고 받아들여야 한다. '받아들인다'는 것은 똑바로 응시하고 관찰하는 것이다. 상처를 껴안고 살아가는 것이 인간의 삶이며 상처받고 고통스러운 것은 결코 당신 잘못이 아니라는 사실을 깨달아야 한다.

당신은 스스로를 보호하기 위해 가면을 만들었다. 이는 자신을 사랑하는 마음에 벌였던 용감한 행위다. 그 가면 덕분에 당신은 지금의 가족 속에서 살아남을 수 있었다. 우리가 지금의 가족, 즉 같은 상처를 가진 사람들 속에 태어난 진짜 이유는 나와 닮은 사람들과 살고 싶었기 때문이다. 처음에는 자신과 가족들이 그렇게 나쁘지 않아 보인다. 하지만 시간이 지날수록 서로의 결함이 드러나고, 있는 그대로의 서로를 받아들일 수 없게 된다. 당신은 결함 있는 가족들을 바꾸고 싶어지겠지만, 깊이 들여다보면 그 결함이란 다름 아닌 당신 안에 존재하는 것들이다. 스스로 바뀌어야 한다는 두려움 때문에 결코 보고 싶지 않던 당신의 결함 말이다.

우리는 흔히 자신을 '바꾸어야 한다'고 생각한다.
하지만 사실은 상처를 '치유해야 한다'.

상처를 자각하는 일은 너무나 중요하다. 그 존재를 깨닫는 순간부터 치유가 시작되기 때문이다.

모든 상처는 삶이 반복될 때마다 켜켜이 쌓인 결과다. 그러므로 그 깊어진 상처를 직시하고 맞서기란 쉽지 않다. 오랜 세월 동안 해결하지 못한 상처는 그저 "치유받고 싶어."라고 말한다고 간단히 아무는 게 아니다. 그러나 상처를 치유하고자 하는 의지와 결심만 있다면 스스로를 가엾이 여기고 인내하며, 너그럽게 상황을 받아들일 수 있다. 동시에 타인에 대한 연민과 인내심, 그리고 관용 또한 키울 수 있다. 이러한 마음이 당신을 치유의 길로 이끌어 줄 것이다. 2장부터 6장까지 우리는 사랑하는 이들이 가진 각각의 상처를 발견하고 이해할 수 있었다. 이제부터는 그들의 행동까지도 받아들일 수 있을 것이다.

몸은 거짓말을 하지 않는다

치유의 첫걸음은 내 안의 상처를 깨닫는 일이다. 하지만 자신의 상처를 정확하게 파악하기는 쉽지 않다. 겉으로 드러나는 경험과 내면에 숨겨진 상처가 서로 다를 때가 많기 때문이다. 어떤 이는 거부당하고도 버림받았다거나 모욕을 당했다고 느낀다. 또 다른 이는 부당한 대우를 받았지만 거부당했다거나 배신당했다고 느낄 수도 있다.

중요한 것은 경험 그 자체가 아니라
그 경험을 통해서 무엇을 느꼈는가다.

그러므로 상처를 확인하고 싶다면 행동 특성보다 신체적 특징에 주목하는 게 낫다. 몸은 결코 거짓말을 하지 않기 때문이다.

몸은 우리가 무엇을 느끼는지 감정과 정신세계에서 벌어지는 일을 정확히 보여준다. 상처를 지닌 사람들의 신체적 특징을 반복해서 읽고 각각의 차이를 파악하기 바란다.

최근 점점 더 많은 사람들이 외모를 고치기 위해 성형수술을 한다. 안타깝게도 수술은 착시 현상만 일으킬 뿐이다. 상처의 겉모습을 바꾸어도 근본적인 치유는 이루어지지 않는다. 손가락에 붙인 반창고 이야기를 떠올려보자. 눈에 보이지 않는다고 없어지는 것은 아니다.

성형수술로 특정 부위를 고치거나 제거해도 몇 년 뒤에는 원래대로 돌아오는 경우가 많다. 의사들이 수술의 효과가 평생 지속된다고 장담하지 못하는 이유다. 하지만 수술을 받더라도 자신의 상처를 깨닫고 감정과 정신, 나아가 깊은 내면을 치유하려고 애쓴다면 당신의 몸은 수술의 효과를 납득하고 받아들일지도 모른다.

자기 몸을 제대로 보지 못하는 사람도 많지만 자신의 상처를 제대로 파악하지 못하는 사람은 더 많다. 그들의 몸은 이런 상처를 입었다고 이야기하는데 정작 본인은 다른 상처를 입었다고 믿는다.

워크숍에 참가한 30대 남성 J는 어릴 때부터 늘 아버지에게 '거부' 당했다고 털어놓았다. 그에 따르면 되풀이되는 거부로 심하게 상처받아서 더 이상 타인과 지속적인 관계를 맺을 수 없을 지경이라 했다. 하지만 그의 몸에서는 도저히 '거부'의 상처를 찾을 수 없었다. 그래서 이렇게 물어보았다. "정말 거부당했던 걸까요? 혹시 부당한 대우는 아니었을까요?" 그리고 그의 몸에 뚜렷이 드러난 '부당함'의 상처를 설명해주었다. 그는 상당히 충격을 받은 것 같았다. 30년 가까이 엉뚱한 상처를 부여잡고 괴로워한 셈이니 당연하다. 나는 "좀 더 시간을 두고 생각해보면 좋겠어요."라고 제안했다. 그 다음 주 다시 만났을 때 그는 얼굴을 환하게 빛내며 말했다.

"지난 일주일 동안 차분히 생각해봤더니, 어떤 것이 문제였는지 이젠 알겠어요!"

자신이 사실은 '부당함'의 상처를 입고 있었다는 것을 마침내 깨달은 것이다.

자아의 교묘한 속임수

이런 사례는 별로 놀랍지 않다. 자아는 상처를 숨기기 위해 교묘한 속임수를 쓰기 때문이다. 자아는 상처가 드러나면 더 이상 보호받지 못하고 감당할 수 없는 고통을 받을 거라 믿는다. 고통으로부터 자신을 보호하려면 가면을 만들어야 한다고 설득한 것도 바로 자아다.

자아는 가장 편한 길을 선택한다고 믿지만
그 길은 삶을 더 복잡하게 만든다.
지혜가 가리키는 길은 힘들어 보인다.
노력이 필요하기 때문이다.
하지만 그 길은 인생을 한없이 단순하게 만든다.

가면을 쓴 사람들이 어떤 식으로 자아에 속고 있는지 살펴보자.

- '도피하는 사람'은 자신과 상대방을 잘 보살피면 거부당하지 않으리라고 굳게 믿는다.

- '의존하는 사람'은 자신이 '독립'한 인간이라는 사실을 보여주고 싶어 한다. 아무도 필요하지 않고 혼자서도 잘 지낸다고 기회가 있을 때마다 주장한다.

- '마조히스트'는 남을 위해 일하기 좋아하며 그것으로 자신은 충분히 만족한다고 주장한다. 늘 모든 것이 다 잘되고 있다고 말하고 스스로도 그렇게 믿는다. 그러다 모욕당하는 상황에 부딪히면 이런저런 핑계를 대며 그럴 수밖에 없다고 합리화한다.

- '지배하는 사람'은 자기는 절대 거짓말을 하지 않으며 반드시 약속을 지키고 아무도 두려워하지 않는다고 믿는다.

- '완고한 사람'은 늘 자신이 옳다고 주장한다. 자기 인생에는 아무 문제도 없고 자기를 사랑해줄 친구들이 많다고 믿어 의심치 않는다.

모든 가면은 나를 사랑하지 않은 결과

몸에 난 상처를 내버려두면 점점 더 크고 깊어진다. 치료하지 않고 건드리기만 하면 자꾸 덧날 뿐이다. 마음의 상처도 마찬가지다. 상처가 깊어질수록 통증은 심해지고 고치기 어려워진다. 그렇게 악순환이 시작되면 상처는 일종의 '강박'이 된다. 세상 모든 사람이 자신을 괴롭힌다고 믿게 되는 것이다. 예를 들어 '완고한 사람'은 어디에서든 부당함을 느끼고 극단적인 완벽주의자가 된다. '도피하는 사람'은 모든 이가 자신을 거부하며 아무도 자신을 사랑해주지 않는다고 믿는다.

내 안의 상처를 정확히 깨달으면 세상을 바로 볼 수 있다. 상처를 제대로 보기 전까지는 심장병에 걸렸는데 엉뚱하게 위장약을 열심히 복용하는 환자나 마찬가지 신세다. 오랜 세월 잘못된 상처를 부여잡고 헛된 고통을 겪는 것이다. '부당함'의 상처를 지닌 줄도 모르고 '거부'의 상처를 치유하려고 애썼던 30대 남성을 떠올려보자. 그 상태로는 아무리 세월이 지나도 상처가 나을 수 없다. 무엇이 자신을 괴롭히는지 제대로 알아야 상처를 치유할 수 있다.

가면을 쓴 사람들, 즉 상처를 입은 사람들은 누구나 애정 결핍으로 고통받는다. 그럼 여기서 한 가지, '의존하는 사람'의 가면을 쓰는 것과 의존 때문에 괴로운 것은 엄연히 다르다는 사실을 짚고 넘어가겠다. '의존하는 사람'의 가면을 쓴 사람, 즉 '버림받은 상처'를 지닌 사람만이 애정 결핍으로 괴로워하는 것은 아니다. 어째서일까? 애정 결핍이란 자기 자신을 사랑하지 않을 때 나타나기 때문이다. 자신이 사랑받을 만하다는 사실을 확인하고 싶어서 타인에게 애정을 갈구하는 것이다. 가면은 스스로를 사랑하지 못하고 본래의 모습을 견딜 수 없어서 쓰는 것이다. 결국 모든 가면이 보여주는 행동은 자신을 사랑하지 않기 때문에 주변 상황에 민감하게 '반응'해버린 결과다.

부모, 상처를 입히다

여기서 우리에게 상처를 준 부모와 그 상처가 미치는 영향에 대해 다시 한번 살펴보자. 부모를 탓하는 것 같아 힘들겠지만 상처를 치유하는 데 반드시 필요한 과정이다.

- '거부'의 상처는 동성 부모와의 사이에서 생긴다. 따라서 '도피하는 사람'은 동성에게 거부당한다고 느낀다. 때문에 자신보다는 그들에게 더 심하게 분노하며 비난한다. 반면 이성에게 거부당하면 자신에게 더 화가 나서 스스로를 거부하게 된다. 한편 이성에게 거부당했다고 느끼지만 실제로는 버림받은 경우도 많다.

- '버림받음'의 상처는 이성 부모와의 사이에서 생긴다. 따라서 '의존하는 사람'은 종종 이성에게 버림받았다고 느끼고 상대방을 비난하기 쉽다.

동성에게 버림받으면 오히려 자신을 탓한다. 상대방에게 충분히 관심을 가져주지 않았거나 원하는 대로 해주지 못했다고 생각하는 것이다. 또 동성에게 버림받았다고 느꼈지만 실제로는 거부당한 경우도 많다.

- '모욕'의 상처는 일반적으로 엄마와의 사이에서 생긴다. 아들이든 딸이든 마찬가지다. 그래서 '마조히스트'는 여성에게 쉽게 모욕당했다고 느끼며 자신을 모욕한 여성을 원망한다. 만일 남성에게 모욕당했다면 스스로를 탓하며 자신의 사고방식이나 처신을 부끄러워한다. 만일 아이를 주로 보살피는 사람이 아버지라면 모욕의 상처는 예외적으로 아버지와의 사이에서 만들어진다. 이런 경우는 남녀의 역할이 바뀌었다고 할 수있다.

- '배신'의 상처는 이성 부모와의 사이에서 일어난다. 따라서 '지배하는 사람'은 이성에게 쉽게 배신당했다고 느끼며 자신의 고통과 감정이 그들의 책임이라고 탓한다. 반면 동성에게 배신당하면 그 상황을 미리 막지 못한 자신을 질책한다. 동성에게 배신당했다고 생각하지만 실제로는 '부당함'을 겪은 사례도 많다.

- '부당함'의 상처는 동성 부모와의 사이에서 일어난다. 그러므로 '완고한 사람'은 동성에게 부당함을 경험하기 쉬우며 자신을 불공평하게 취급한 상대를 비난한다. 이성이 자신을 부당하게 대우하면 상대가 아니라 오히려 자기가 공평하지 못했고, 자기가 나빴다고 질책한다. 하지만 실제로는 '배신'으로 인한 상처를 받는 경우가 많다. 부당하게 대우받았다는 분노가 너무 강하면 자칫 살의를 느끼는 경우까지 있다.

상처가 아플수록 그 원인을 제공한 부모를 원망하게 되는데 인간으로서 당연한 일이다. 이 원망과 미움은 훗날 그 부모와 같은 성별의 사람을 향한다. 아버지와 아들의 예를 들어보겠다. 아들이 늘 자신을 거부해온 아버지 때문에 오랜 세월 고통받았다고 하자. 그가 아버지를 미워하는 것은 당연하다. 문제는 이 감정이 다른 대상에게 옮아간다는 데 있다. 아이가 훗날 성인이 되면 다른 남성, 혹은 자기 아들에게도 거부당했다고 느끼고 아버지에게 그랬듯 그들을 원망하고 미워할 것이다.

또한 우리는 자신과 같은 상처를 지녔다는 이유로 부모를 미워한다. 그들을 볼 때마다 마치 거울처럼 피하고 싶은 자신의 상처가 눈에 들어오기 때문이다. '차라리 다른 사람이 부모님이었다면 좋았을 텐데' 하고 자기도 모르게 생각한다. "난 절대 엄마처럼 살지 않을 거야!" 하고 부모와 같은 사람이 되지 않겠노라 결심한다. 하지만 부모와 자신을 진심으로 용서하지 않는 한 상처는 결코 치유되지 않는다.

한편 그 부모와 다른 성별의 사람 사이에서 상처가 생기면 자신을 탓하고 죄의식을 느낀다. 무의식중에 사고를 일으키거나 병에 걸리는 식으로 자신을 벌한다. 인간은 벌을 받으면 자신의 죄를 속죄할 수 있다고 믿기 때문이다. 하지만 뿌리 깊은 종교들이 말하는 이 같은 속죄의 '법칙'은 사실상 정반대 상황을 불러온다.

죄의식을 느끼면 느낄수록 스스로를 벌하게 되고 또다시 같은 상황을 끌어들이는 것이다. 즉 잘못을 탓할수록 같은 문제를 더 많이 일으키게 되는 셈이다. 스스로를 용서하는 일은 치유의 중요한 과정이다. 하지만 죄의식을 느낄수록 점점 더 스스로를 용서하기 어려워진다.

세상에 나쁜 사람은 없다

우리는 상처 때문에 다른 사람을 고통스럽게 하고 또 그 행위 때문에 비난받으면 그때마다 죄의식과 함께 수치심까지 느낀다. 수치심에 대해서는 '모욕'의 상처와 '마조히스트'의 가면을 다룬 4장에서 자세히 설명했다. '마조히스트'는 다른 가면을 쓴 사람보다 수치심을 많이 느낀다. 누구나 살면서 부끄러운 감정을 느끼지만 특히 남에게 당하고 싶지 않은 일을 자신이 저질렀을 때 더 심한 수치심을 느낀다. 그러므로 누군가 심한 학대를 저지르고 폭력을 휘둘렀다면, 그가 상처로 인한 고통이 너무 심해 스스로를 통제하지 못했음을 이해해주어야 한다. 그러므로 이제 우리는 말할 수 있다.

"세상에 나쁜 사람은 아무도 없다.

그저 고통받는 이들만 있을 뿐이다."

결코 그들을 변호하려는 것이 아니다. 사람들의 상처를 안쓰러워하고 이해하자는 것이다. 비난하고 단죄한들 무슨 의미가 있겠는가? 죄는 미워하되 사람은 미워하지 말라는 말이 있다. 그들이 저지른 짓에 동의할 수는 없어도 상처와 고통을 동정할 수는 있다. 우리 역시 상처 때문에 남을 괴롭히고 그 때문에 고통받고 있지 않은가. 자신의 상처, 그리고 타인의 상처를 깨닫고 이해한다면 자신과 상대에 대한 연민과 동정심을 느낄 수 있다.

하나의 영혼, 여러 개의 상처

상처가 하나 뿐인 사람은 드물다. 나는 이번 생에서 해결해야 할 두 가지 상처, 즉 '부당함'과 '배신'의 상처를 껴안고 있다. 그 때문에 지금껏 동성에게는 '부당함'을, 이성에게는 '배신'을 수없이 경험했다. '부당함'은 같은 성별 부모와의 사이에서 생기는 상처다. 그래서겠지만 나는 여성에게 부당한 대우를 받으면 참지 못하고 격렬하게 비난했다. 반면 남성에게 같은 대접을 받으면 스스로를 탓하고 내 자신에게 화를 냈다. 때로는 수치심까지 느꼈다. 남성이 나를 부당하게 취급하면 '배신당한' 기분이 들기도 했다. 나처럼 '부당함'과 '배신'의 상처로 아파하는 사람의 몸에는 '완고한 사람'과 '지배하는 사람'의 특징이 뚜렷이 나타난다.

'거부'와 '버림받음'의 상처를 동시에 지닌 사람도 많다. 그들은 '도피하는 사람'과 '의존하는 사람'의 가면을 모두 쓰고 살아간다. 어떤 이는 상반신과 하반신이 제각각 다른 상처들을 반영하고, 또 다른 이는 신체의 좌우가 서로 다른 상처를 드러내기도 한다.

나는 오랜 세월 많은 사람들을 관찰한 덕분에 이제 상대방의 가면을 첫눈에 알아볼 수 있다. 직감을 신뢰하면 '마음의 눈'이 상처를 단박에 알아본다.

예를 들어 '지배하는 사람' 특유의 몸매를 한 사람이 힘이 없고 늘어져 있거나 '의존하는 사람'의 눈을 가졌다면 그는 '배신'과 '버림받음'의 상처를 동시에 지니고 있는 것이다.

물론 다른 조합도 존재한다. '마조히스트' 특유의 뚱뚱한 몸집이지만 자세가 바르고 경직되었다면 '모욕'과 '부당함'의 상처를 함께 짊어진 것이다. 역시 '마조히스트'답게 뚱뚱한 몸이지만 다리가 빈약하고 '도피하는 사람' 특유의 가는 발목을 하고 있다면 그는 '모욕'과 '거부'의 상처로 고통받고 있는 셈이다.

어떤 이들은 상처를 서너 가지씩 지니며 심지어 다섯 가지 전부를 지닌 사람도 있다. 여러 상처 중 하나만 두드러지고 나머지는 잘 눈에 띄지 않기도 한다. 개수는 많지만 각 상처의 정도가 심하지 않은 사람도 있다. 하나의 가면이 두드러진다면 스스로를 보호하기 위해 다른 가면보다 그것을 더 자주 쓴다는 뜻이다. 또 가면이 신체의 아주 작은 범위만 가리고 있다면 관련된 상처가 심하지 않다고 볼 수 있다. 또 어떤 가면이 가장 눈에 띈다고 해서 그것이 가장 중요한 상처라는 의미는 아니다.

사실 우리는 가장 심한 고통을 주는 상처를 오히려 숨기고 싶어 한다. 이미 말했듯이 사람들은 '거부'와 '버림받음' 혹은 '모욕'의 상처를 감추려고 '지배하는 사람'과 '완고한 사람'의 가면을 발달시킨다. 양쪽 모두 지배와 힘을 상징하는데, 이 가면들의 힘은 주로 가장 심한 고통을 감추기 위해 사용된다. 따라서 나이가 들면 깊숙이 숨어 있던 세 가지 상처가 서서히 겉으로 드러난다. 자기 컨트롤에도 한계가 있기 때문이다.

가면을 쓴 당신은 당신이 아니다

사람은 자기 몸의 변화를 합리화하려고 온갖 변명과 핑계를 꾸며낸다. 아직 자신을 제대로 바라볼 준비가 되지 않은 데다 인간의 몸이 그렇게 똑똑하다는 사실을 믿지 못하기 때문이다. 하지만 극히 미세한 몸의 변화도 지금 마음속에서 일어나고 있는, 그러나 우리가 결코 보고 싶어 하지 않는 상처를 깨닫게 해주려고 나타난 것이다. 그 사실을 결코 인정하려 들지 않지만 말이다.

몸의 변화는 결국 우리가 마주하기 두려워하는 것이 무엇인지 볼 수 있게 도와주려는 신체적 신호다. 하지만 우리는 계속해서 상처를 감추려고 가면을 쓴다. 그러다 보면 언젠가 상처가 사라지리라고 믿기 때문이다.

잊지 말자. 우리는 상처를 다시 들추어 고통받을까 봐 두려울 때만 가면을 쓴다. 지금까지 살펴본 타입별 성격과 행동은 우리가 가면을 썼을 때만 나타난다. 가면을 쓰는 순간부터 우리는 더 이상 우리 자신이 아니다. 가면이 만든 인격이 시키는 대로 행동하는 꼭두각시일 뿐이다.

가장 이상적인 것은 자신이 무슨 가면을 썼고 어떤 상처를 감추려는지 깨닫는 것이다. 그 순간 스스로를 질책하거나 단죄해서는 안 된다. 우리는 하루에도 몇 번씩 가면을 바꾸어 쓴다. 혹은 몇 달이고 같은 가면을 쓴 채로 지낼 수도 있다. 어떤 이들은 다른 상처가 겉으로 드러날 때까지 몇 년이나 같은 가면을 쓰기도 한다.

가면을 쓴 사실을 깨달았다면 상처를 건드려준 사건이나 사람에게 고마워하자. 덕분에 아직 아물지 않은 상처가 존재한다는 사실을 알았으니 말이다. 그렇다. 적어도 그 사실만큼은 깨닫게 된 것이다. 동시에 자신의 인간적인 나약함을 용서하고 상처를 치유할 수 있도록 충분한 시간을 허락해야 한다. 만일 "이런, 또 가면을 썼군. 그래서 지금 이렇게 반응하는 거야." 하고 주기적으로 말할 수 있다면 치유에 성큼 다가선 것이다.

지금까지 만난 사람들 중에서 하나의 상처가 가진 특성을 모두 갖춘 사람은 없었다. 각 가면의 특성은 당신이 상처와 관련되어 어떤 특징적인 행동을 보이는지 알아보기 위한 실마리에 불과하다. 가면을 쓴 사람들이 어떤 특유한 행동을 보이는지 다시 한번 정리해보겠다.

- '거부'의 상처가 아프기 시작하면 당신은 '도피하는 사람'의 가면을 쓴다. 이 가면을 쓰면 당신을 거부하는 사람이나 상황에서 달아나고 싶어진다. 무력감을 느끼거나 패닉에 빠질까 봐 두려워서다. 그리고 자기 안으로 틀어박혀 될 수 있으면 남들 눈에 띄지 않으려 든다. 아무 말도 하지 않고 아무것도 하지 않으므로 더 심하게 거부당한다. 가면을 쓰면 본인이 세상에 자리를 차지할 만큼 중요하지 않은 사람이며 남들처럼 존재할 권리가 없다고 믿게 된다.

- '버림받음'의 상처가 아파오면 당신은 '의존하는 사람'의 가면을 쓴다. 이 가면을 쓰면 당신은 돌봐달라고 울면서 떼쓰는 아이가 되고 만다.

혼자서는 아무것도 할 수 없어서 그저 눈앞에 벌어진 상황에 휘둘린다. 사람들의 관심을 끌기 위해, 혹은 방치되지 않으려고 비굴할 정도로 주변의 눈치를 본다. 상대의 보살핌을 받으려고 병에 걸리거나 사고를 당하는 일조차 있다.

- '모욕'의 상처가 아프기 시작하면 당신은 '마조히스트'의 가면을 쓴다. 이 가면을 쓰면 자신의 필요는 내버려둔 채 상대의 요구에만 신경을 쓴다. 자못 선량하고 관대한 인물이 되어 한계를 넘어서까지 상대를 돕는다. 부탁받지도 않았는데 남의 일까지 도맡아 처리하려 든다. 무슨 수를 써서라도 자신이 쓸모 있는 사람이라는 사실을 증명하고 싶은 것이다. 남들에게 모욕이나 무시를 당하지 않으려고 최선을 다한다. 이런 식으로 스스로 자유를 빼앗는 이유는 그것을 두려워하기 때문이다. 굴욕감이나 수치심을 느끼지 않으려고 애쓰고 있다면 당신은 '마조히스트'의 가면을 쓰고 있는 것이다.

- '배신'의 상처가 욱신거리기 시작하면 당신은 '지배하는 사람'의 가면을 쓴다. 그 순간 당신은 의심 많고 자기 방어적이며 권위적이고 편협한 인간이 된다. 기대가 배신당할까 두렵기 때문이다. 쉽사리 굴복하지 않는 강인한 인간이라는 점을 끊임없이 과시하려고 애쓴다. 평판을 떨어뜨리지 않으려고 남의 눈치를 살피거나 거짓말을 하는 경우도 있다. 믿을 만한 사람으로 인정받을 수만 있다면 자기 일은 뒷전으로 두고 무슨 일이든 할 것이다. 실제로는 자신의 결정이나 행동에 불안을 느끼지만 이 가면을 쓰면 자신감 넘치고 당당한 인간처럼 보인다.

- '부당함'의 상처가 쿡쿡 쑤시기 시작하면 당신은 '완고한 사람'의 가면을 쓴다. 그리고 무뚝뚝하고 냉정한 사람이 된다. 목소리와 태도는 퉁명스러워지고 몸까지 뻣뻣해진다. 완벽주의자가 되므로 스스로가 견딜 수 없을 정도로 못마땅하다. 참을성 없고 화를 잘 내며 무슨 일이든 비판하기만 한다. 자신을 향한 기대 수준이 너무 높아 스스로의 한계를 인정하지 못한다. 만일 이런 식으로 스스로를 억압하고 혹독하게 행동하고 있다면 '완고한 사람'의 가면을 쓰고 있는 것이다.

우리는 누가 내 상처를 건드릴까 봐 두려울 때 가면을 쓴다. 또 상대방의 상처를 아프게 할까 봐 무서울 때도 가면을 쓴다. 늘 사랑받고 싶어서, 혹은 그 사랑을 잃을까 봐 가면을 쓴다. 가면을 쓴 우리는 몸에 맞지 않는 옷을 걸친 사람과 같다. 자기답지 않은 행동 때문에 결국은 내가 아닌 다른 사람이 되어버린다. 가면이 시키는 대로 행동하다 보면 무리할 수밖에 없다. 그 버거움을 보상받고 싶어서 상대에게 더 많은 것을 '기대'한다.

그러나 타인의 칭찬과 감사, 인정과 보살핌이 우리를 행복하게 해주지는 못한다. 우리의 존재와 행동만이 스스로를 행복하게 해줄 수 있다.

2

상처를 있는 그대로 사랑한다는 것

상처 들여다보기

마음의 상처를 치유하는 것은 몸의 상처를 치료하는 것과 같다. 사춘기 무렵 누구나 얼굴에 난 여드름을 억지로 짜거나 만지작거리던 기억이 있을 것이다. 가만 두면 나을 텐데 참지 못하고 건드려서 흉터만 생기지 않았던가? 우리가 몸의 자연치유력을 믿지 않을 때 벌어지는 일이다. 이처럼 어떤 문제든 무작정 없애려 하기보다 먼저 받아들이고 사랑해주어야 한다. 마음속의 상처도 마찬가지다. 그 상처 역시 자신의 존재를 깨닫고 받아들이고 사랑해주기를 간절히 원한다.

무조건적으로 사랑한다는 것은,

이해하거나 동의할 수 없더라도

있는 그대로 받아들이는 것이다.

상처를 받아들이면 우리가 스스로 그것을 만들었다는 사실을 깨닫게 된다. 특정 상황을 회피한다는 것을 '인지하기' 위해 상처를 만든 것이다. 상처는 두려움 때문에 본성대로 살아가지 못한다는 사실을 일깨워준다. 상처의 진정한 존재 이유를 깨닫고 고마워하면 당장이라도 완전한 치유가 가능하다. 자신의 사명을 완수한 상처는 더는 필요 없기 때문이다.

타인의 행위를 비난할 때 당신 역시
그 사람에게 또 자신에게
똑같은 짓을 하고 있다는 사실을 깨달아야 한다.

우리가 얼마나 자신을 괴롭히고 있는지 살펴보자.

- '거부'로 괴로워하는 사람은 자신이 쓸모없고 구제불능에 남의 인생에 전혀 도움이 되지 않는다고 생각하며 도망치기에 급급하다. 그럴 때마다 상처는 점점 더 깊어지고 커진다.

- '버림받음'으로 괴로워하는 사람은 늘 중요한 계획을 포기하고 자신을 함부로 대하며 제대로 보살피지 않는다. 그럴 때마다 우리는 상처를 키

워나간다. 상대에게 지나치게 매달리기 때문에 오히려 사람들을 도망 가게 만들고 그렇게 다시 외톨이가 된다. 관심을 끌기 위해 병을 키워 자신의 몸을 학대한다.

- '모욕'으로 괴로운 사람은 늘 남과 비교하며 자신을 비하한다. 자신을 하찮게 여기고 스스로 뚱뚱하고 착하지 않으며 의지박약에 남에게 이용당할 만큼 어리석다고 생각한다. 그럴 때마다 상처는 점점 더 깊어진다. 전혀 어울리지 않는 옷을 입고 더럽히기까지 하면서 스스로에게 창피를 준다. 도저히 소화 흡수할 수 없을 정도로 많은 음식을 먹어서 자기 몸을 괴롭힌다. 다른 사람의 책임까지 떠안아 개인적인 시간과 자유까지 빼앗으면서 스스로를 학대한다.

- '배신'으로 괴로운 사람은 늘 자신에게 거짓말을 하고 또 잘못된 일을 믿게 만들며 자신과의 약속을 깨뜨리면서 상처를 키운다. 남을 믿지 못하고 일을 맡기지도 못해서 결국 모든 것을 자기 손으로 직접 하는 처지가 되어 자신을 벌한다. 또 타인에게 일을 맡겨도 마음을 놓지 못하고 매 상황마다 확인하느라 소중한 에너지와 시간을 쏟아붓는다.

- '부당함'으로 괴로워하는 사람은 스스로의 한계를 모르고 무리한 요구를 해서 상처를 키운다. 자신의 장점을 인정하지 않고 미처 끝내지 못한 일이나 실수만 지적하면서 스스로를 부당하게 대우한다. 즐거움을 느낄 수 있는 기회를 빼앗으면서 스스로를 괴롭힌다.

상처를 무조건적으로 받아들이는 일은 정말 중요하다. 나아가 당신이 자아에게 만들도록 허락한 가면, 즉 상처로부터 보호하기 위해 만들어진 가면을 받아들이는 것 또한 중요하다. 상처를 받아들이고 사랑한다는 것은 상처의 존재를 인정하고, 그 상처를 치유하기 위해 다시 태어났다는 사실을 깨닫는 일이다. 또한 자아가 당신을 지키기 위해 가면을 만들었다는 사실을 받아들이는 일이다. 그런 다음에야 지금껏 살아남도록 도와준 가면을 만들고, 이제는 그것을 벗을 용기를 낸 자신에게 고마워할 수 있다.

이제 가면은 오히려 당신을 해치고 있다. 우리는 더 이상 상처 입고 어쩔 줄 몰라 울부짖는 어린애가 아니다. 삶의 여정에서 수많은 경험을 겪으며 상처를 의연히 다룰 수 있는 존재로 성장했다. 성숙한 시각으로 인생을 내다보고 자신을 소중히 보살피겠노라 다짐하는 그런 어른이 되었다. 그러므로 상처를 치유하기로 마음먹은 순간부터 당신은 스스로를 더욱 사랑할 수 있다.

상처받은 순서를 거슬러 치유의 단계 밟기

이 책의 서두에서 상처가 만들어지기까지의 과정을 4단계로 나누어 살펴보았다.

상처의 제1단계에서 아이는 아직 자기 본성대로 기쁘게 살아간다.

상처의 제2단계에 들어서면 더 이상 자신의 본성을 유지할 수 없어서 괴로워하기 시작한다. 주변 어른들이 우리의 본 모습을 바람직하지 않다고 생각하기 때문이다. 불행하게도 어른들은 아이를 그대로 내버려두지 않는다. "이대로는 안 돼. 세상이 바라는 사람이 되어야지." 하고 끊임없이 잔소리한다.

상처의 제3단계가 되면 아이는 본격적으로 상처로 인한 고통을 느끼고 반항하기 시작한다. 소위 사춘기로 불리는 이 시기에 아이는 위기를 맞닥뜨리고 부모를 거스르기 시작한다.

마지막 단계, 즉 상처의 제4단계가 되면 결국 체념이 찾아온다. 아이는 어른들을 실망시키지 않으려고, 또 무엇보다 자기 본연의 모습을 인정받지 못하는 고통을 다시는 겪지 않기 위해 가면을 만들고 쓴다.

치유는 이 모든 단계를 하나씩 되밟으면서 이루어진다. 즉 4단계에서 출발해 3단계, 2단계를 거쳐 1단계에 이르러 진정한 자신을 회복할 때 비로소 상처가 완전히 치유되는 것이다.

치유의 제1단계는 우선 자신이 가면을 쓰고 있다는 사실을 깨닫는 것이다. 즉 자기가 어떤 상처를 껴안고 있으며 그 고통에서 벗어나기 위해 어떤 가면을 썼는지를 깨달아야 한다(상처의 4단계에 대한 자각). 그런 이유로 이 책에서는 2장부터 6장까지 각각의 상처에 대해 자세히 설명한 것이다.

그런데 각 상처에 관한 설명을 읽다 보면 반발심이 들 수 있다. 지금껏 부모나 타인 때문에 고통스러웠다고 생각했는데 사실은 내 책임이라니, 받아들이기 쉽지 않을 것이다. 괜찮다. 누구나 그럴 수 있다. 이것이 바로 치유의 제2단계다. 사람은 누구나 자신의 치부를 인정하고 싶지 않은 법이므로 화가 나는 것도 당연하다. 이 단계에서 느끼는 저항의 정도는 사람마다 다르다. 어떤 사람은 남보다 더 강력하게 반발할 수 있다. 자신에게 무슨 일이 일어나는지 깨닫는 순간, 상처의 깊이와 받아들이는 태도에 따라 저항의 강도는 달라진다(상처의 제3단계 통과).

치유의 제3단계에서는 상처 때문에 고통을 겪었고 상처 입힌 부모를 원망할 수밖에 없었다는 사실을 받아들이게 된다. 당신 안에 숨어 있는 '내면의 아이'가 여전히 아파한다는 것을 알면 그 아이가 한없이 안쓰럽게 느껴질 것이다. 아이에 대한 연민과 동정이 커질수록 치유가 빠르게 진행된다. 또한 이 단계에서 우리의 부모 역시 고통을 받았고 괴로웠다는 사실을 깨닫고 그들을 동정하게 된다. 비로소 부모에 대한 미움을 떨쳐낼 수 있게 되는 것이다(상처의 제2단계 통과).

마침내 치유의 제4단계에 이르면 자기 자신을 다시 되찾게 된다. 더 이상 자신을 보호하기 위해 가면을 쓸 필요가 없으며 삶의 모든 경험이 자신의 배움과 성장을 위한 것이었음을 받아들인다. 이것이 바로 스스로를 사랑하는 일이다(상처의 제1단계로 회귀).

사랑은 엄청난 치유의 힘을 가지고 있다. 사랑을 알면 새로운 에너지가 샘솟는다. 인생에 멋진 변화가 일어난다. 질병이 사라지고 몸이 변하듯 타인과의 관계에서도 뚜렷한 변화가 찾아온다.

잊지 말자. 자신을 사랑한다는 것은 현재의 자신을 있는 그대로 받아들이는 것이다. 남들이 싫어할 만한 짓을 저질렀더라도 결코 자신을 책망하지 말고 그 상태 그대로 받아들이자.

진정한 사랑이란
자기 자신을 있는 그대로 받아들이는 것이다.

기억해주기 바란다. 당신이 무엇을 가졌든 어떤 일을 하든 스스로를 사랑하는 일과는 아무 상관이 없다. 자신을 사랑한다는 것은 남을 거부하고 버리며 모욕하고 배신하고 부당하게 대우해서 상처를 입혀도, 그래도 여전히 그런 자신을 받아들이는 것이다. 이것이 치유로 나아갈 수 있는 첫걸음이자 가장 중요한 단계다.

이 단계에 빨리 도달하려면 매일 그날 일어난 일들을 떠올리고 정리해보자. 자신이 어떤 가면을 쓰고 어떤 상황에 '반응'했으며 스스로에게 그리고 타인에게 어떻게 행동했는지를 되새기는 것이다. 그때 스스로 어떻게 느꼈는지 반드시 정리해야 한다. 그리고 가면을 쓸 수밖에 없었던 자신을 용서하자. 그 상황에서 자신을 지킬 수 있는 유일한 수단은 가면을 쓰는 일이었음을 결코 잊어서는 안 된다. 만일 죄책감을 느끼고 자신을 탓하면 비슷한 상황에서 반드시 또 같은 식으로 반응할 것이다. 죄책감을 느끼고 스스로를 탓해봐야 아무 이득도 없다.

받아들이지 않으면
어떠한 '변화'도 일어나지 않는다.

그렇다면 스스로를 받아들였다는 사실을 어떻게 알 수 있을까? 타인과 자신을 아프게 한 행동이 모두 인간적인 나약함 때문이라는 사실을 깨닫고 그 결과가 어떤 것이든 감당하겠다고 결심했을 때 비로소 우리는 스스로를 완전히 받아들인 것이다. 책임에 대한 이해야말로 자신을 진정으로 받아들이는 근본적인 방법이다.

인간적이라는 것은, 아무도 모든 사람의 마음에 들 수 없으며 때때로 당신의 반응이 누군가의 마음을 상하게 할 수도 있다는 뜻이다. 그런 자신을 탓하거나 질책하지 않고 받아들여야 한다.

있는 그대로의 자신을 받아들일 때
비로소 치유가 시작된다.

실제로 배신하고, 거부하고, 버리고, 모욕하며, 부당하게 행동했을 때 자신을 탓하지 않고 그대로 받아들이면 오히려 다시 그런 행동을 되풀이하지 않게 된다. 놀랍지 않은가? 이것은 머리로 이해할 수 있는 일이 아니다. 직접 경험해보지 않으면 알 수 없다.

나는 이 위대한 법칙을 사람들에게 말하고 또 말한다. 왜냐하면 그 법칙을 진정으로 이해하고 자기 것으로 만들기 위해서는 몇 번이고 반복해서 들어야 하기 때문이다. 남에게 당하기 싫은 짓을 자신이 해버렸을 때 — 당신은 그 상처를 당하기 싫어서 가면을 만들었지만 — 부디 그런 자신을 있는 그대로 받아들이자. 그러면 누군가 당신의 상처를 건드렸을 때도 그 사람을 있는 그대로 받아들이기 훨씬 쉬워진다.

치유되지 않은 상처는 끊임없이 이어진다

한 아버지와 딸의 사례를 들어보겠다. 아버지는 여러 명의 자녀 중 유독 자신의 뜻을 거스르는 딸에게 재산을 한 푼도 물려주지 않기로 했다. 타고난 재능에도 불구하고 공부도 하지 않고 아버지가 기대하는 '훌륭한 사람'이 되려고 애쓰지도 않았기 때문이다. 딸의 입장에서는 아버지의 행동이 '배신'이나 '버림받음', '거부', '모욕' 혹은 '부당함'으로 느껴질 것이다. 같은 상황이라도 받아들이는 종류가 각기 다르다. 이는 이때의 감정이나 느낌이 이번 생에서 무엇을 해결해야 하는지에 달려 있기 때문이다.

딸은 아버지의 행위를 '배신'으로 받아들였다. 설마하니 그렇게까지 할 줄은 몰랐던 것이다. 그녀는 아버지가 자신의 선택을 존중하고 원하는 일을 할 수 있도록 지원해주기 바랐다. 인생은 어디까지나 자기 것이라고 생각했기 때문이다.

이 여성이 상처를 치유하려면 어떻게 해야 할까? 이대로 내버려두면 그녀는 끊임없이 이성에게 '배신당하며' 살게 된다. 그런 상황을 막으려면 무엇보다 딸 스스로 아버지 역시 자신에게 배신당했다고 느낀다는 사실을 깨달아야 한다. 자신의 기대를 저버린 딸의 행위는 아버지에게는 명백한 '배신'이었다. 정성을 다해 키운 자식이니 아버지에게 감사하며 어디 내놓아도 부끄럽지 않을 훌륭한 딸이 되어야 했다. 아버지는 언젠가 딸이 자기 곁으로 돌아와 "역시 아빠 말이 옳았어요."라고 사죄하면서 그동안의 고통을 보상해주리라 기대하고 있는 것이다.

이 부녀의 사례를 살펴보면 사실은 아버지 역시 본인의 어머니에게 같은 상황, 즉 '배신'을 경험했다는 것을 알 수 있다. 그리고 그 어머니 역시 자신의 아들에게 배신당했다고 느꼈을 것이다. 우리 부모가 어릴 적 그들의 부모와 겪은 일을 알면 이 상처가 세대를 이어 되풀이된다는 사실을 깨달을 수 있다. 누군가 거듭되는 굴레를 끊고 부모나 자식을 진정으로 용서하지 않으면 상처는 또다시 이어진다. 이것만으로도 우리는 부모를 더 많이 안타깝게 여기고 그들의 고통을 이해할 수 있게 된다.

만일 부모가 나무랄 데 없이 완벽한 사람들이라면 그들을 원망하는 스스로를 받아들이기 어려울 것이다. 이때 부모는 아마도 '부당함'의 상처를 껴안고 있다는 사실을 가능한 한 드러내지 않도록 철저히 통제하고 있을 테니 말이다. 또 '마조히스트'인 부모는 남을 위해 헌신적으로 봉사하므로 훌륭한 사람으로 보인다. 그러나 당신에게 마음의 상처가 있다면 부모 또한 같은 상처를 지니고 있을 확률이 높다. 그러니 부모의 상처를 반드시 확인해보기 바란다. 그들 역시 당신과 같은 상처로 고통받고, 당신이 그랬듯 부모를 미워하고 원망했을 것이다.

당신이 저지른 모든 행동이

상처와 인간적인 나약함 때문이었다는 사실을 받아들이자.

그리고 나면 두려움 없이

부모에게 상처를 털어놓을 수 있다.

부모도 상처와 인간적인 나약함 때문에 고통받고 있었다는 사실을 마침내 깨달으면 그들 역시 당신에게 몸과 마음을 열어줄 것이다.

또 부모와 이야기할 때 부모 역시 마찬가지 방식으로 상처 입지는 않았는지 확인해보자. 만일 당신이 젊은 여성이고 사춘기 무렵부터 엄마에게 거부당했다고 느꼈다면 그녀 역시 당신에게 거부당했다고 느끼고 있을 것이다. 그러니 꼭 엄마에게 물어보기 바란다. 어쩌면 당신이 내민 손길 덕분에 엄마는 오랜 세월 무의식적으로 억압해온 감정에서 해방될지도 모른다. 또 당신 덕분에 상처를 깨우치고 외할머니와 겪은 일을 털어놓을지 모른다(아들과 아버지 사이에서도 동일한 상황이 벌어질 것이다).

3

상처가
아물고 있다는 증거

치유의 선물, 홀로 서기

이제 상처가 제대로 치유되고 있는지 확인할 수 있는 방법을 살펴보자.

- **'거부'의 상처를 지닌 경우:** 자긍심을 가지고 자기 존재를 남에게 주장할 수 있다면 상처가 아물고 있는 것이다. 나아가 누군가 자신의 존재를 무시해도 쉽게 기분이 상하지 않는다면 치유가 꽤 진전되고 있다고 생각해도 좋다. 패닉에 빠질까 봐 두려움을 느끼는 순간도 점점 더 줄어든다.
- **'버림받음'의 상처를 지닌 경우:** 혼자 있어도 마음이 편하고 굳이 남의 관심을 끌고 싶지 않다면 상처는 치유되고 있다고 봐도 좋다. 남은 인생에 더 이상의 우여곡절은 없을 것이다. 계획을 점점 더 쉽게 세울 수

있고 남의 도움 없이 혼자 힘으로 실행에 옮길 수 있다.

- **'모욕'의 상처를 지닌 경우:** 부탁을 받고 승낙하기 전에 자신의 상황을 살피게 되었다면 상처가 상당히 많이 치유된 것이다. 언행을 조심하고 제한하는 일도 줄어들 것이다. 스스럼없이 남에게 부탁도 할 수 있을 것이다. 자신을 거추장스러운 존재로 느끼거나 목에 통증을 느끼는 일도 사라진다.

- **'배신'의 상처를 지닌 경우:** 어떤 사람이나 상황이 계획을 방해해도 지나치게 좌절하지 않는다면 치유가 꽤 진전되고 있는 것이다. 이러면 좀 더 쉽게 집착을 내려놓을 수 있다. 포기한다는 것은 결과에 집착하거나 모든 일이 뜻대로 풀리기를 바라는 욕심을 내려놓는 일이다. 모든 일이 자신을 중심으로 이루어지지 않으면 성에 차지 않는 일도 없어질 것이다. 무언가 해내어 스스로가 자랑스러울 때 남들이 알아주지 않더라도 마음의 동요가 없다면 성공적으로 치유되었다고 볼 수 있다.

- **'부당함'의 상처를 지닌 경우:** 완벽을 추구하는 정도가 줄어들었다면, 즉 실수나 잘못을 저질러도 자신을 탓하거나 화내지 않게 되었다면 치유가 꽤 진행되었다고 할 수 있다. 치유가 된 후에는 남들이 어떻게 생각할지 신경 쓰지 않고 예민한 성격과 우는 모습까지 거리낌 없이 보일 수 있게 된다.

상처의 치유가 가져다주는 놀라운 선물은 '정서적 자립'이다. 정서적으로 홀로 설 수 있게 되면 자신이 무엇을 원하는지, 어떻게 그것을 얻을 수 있는지 알 수 있다. 도움이 필요하면 누군가 손을 내밀어줄 때까지 기다리지 않고 스스로 요청할 수 있다. 이별이 닥쳐오면 "이제 외톨이로 어떻게 살아가야 하나?"라는 걱정 따위 하지 않는다. 헤어짐은 슬프지만 당신은 분명히 알고 있다.

이제는 혼자서도 충분히 잘 헤쳐나갈 수 있다는 사실을 마음속 깊이 깨닫고 있다.

부디 자신의 상처를 발견하고 스스로를 짓누르던 분노와 수치심, 증오에서 벗어나 진정한 마음의 안식을 얻기 바란다. 나를 아프게 하는 존재와 정면으로 맞서기는 쉽지 않다. 우리는 고통스러운 기억을 억누르기 위해 수많은 대응책을 만들고 쉽사리 그것에 의존한다.

하지만 아픈 기억을 억압하면 할수록 그것은 더 깊은 잠재의식 속에 묻혀버린다. 그리고 어느 날 더 이상 통제할 수 없는 때가 오면 기억이 일시에 터져 나와 엄청난 고통이 우리를 삼켜버릴 것이다. 그때가 바로 상처를 치유해야 할 순간이다.

상처가 치유되면 그때까지 고통을 감추기 위해 사용했던 에너지를 해방시켜 더 생산적인 목표를 향해 나아갈 수 있다. 즉 태어날 때의 본연의 모습 그대로, 바라는 인생을 살기 위해 자신의 힘을 사용할 수 있게 되는 것이다.

상처 속에 숨겨진 힘

가면이 줄어들고 상처가 치유되면 진정한 자신을 되찾고 행복해질 수 있다. 그때 다음과 같은 능력이 겉으로 드러나게 된다. 그 힘은 늘 우리 안에 존재했지만 상처를 제대로 마주하지 않은 탓에 강력한 가면 뒤에 가려져 무시당하거나 잘못 이용되어왔다.

- **거부의 상처를 입고 '도피하는 사람'의 가면 뒤에는 타고난 인내심을 지닌 정력적인 사람이 숨어 있다.**
  - 지략과 순발력이 뛰어나다. 상상력과 창의력, 새로운 것을 발명하는 능력이 탁월하다.
  - 효율적으로 일하며 세부 사항까지 꼼꼼히 신경 쓴다.
  - 긴급 상황에서도 당황하지 않고 적절히 대응할 수 있다.
  - 어떤 경우에도 타인의 존재를 필요로 하지 않는다. 혼자서도 얼마든지 행복하게 지낼 수 있다. 독립적으로 일할 수 있다.

- 버림받은 상처를 입고 '의존하는 사람'의 가면 뒤에는 본인의 요구를 관철시키는 노련한 사람이 숨어 있다.

  - 자신이 원하는 바를 정확히 알고 있으며 집요하게 추구한다.

  - 목표를 세우면 달성할 때까지 포기할 줄 모른다.

  - 유머와 위트가 넘친다. 사람을 끌어당기는 매력이 있다.

  - 천성이 밝고 쾌활하며 붙임성이 뛰어나다. 함께 있는 사람까지 행복해질 정도로 삶의 기쁨이 충만하다.

  - 남에게 관심이 많으며 공감 능력이 뛰어나 잘 이해하고 도와준다.

  - 두려움을 제어할 수 있게 되면 선한 일에 능력을 펼칠 수 있다.

  - 예술적 재능을 타고난 경우가 많다.

  - 때로는 내적 성찰을 통해 자신을 성장시킬 수 있다.

- 모욕의 상처를 입은 '마조히스트'의 가면 뒤에는 대담하고 모험심이 뛰어나며 다양한 재능을 지닌 사람이 가려져 있다.

  - 자신에게 필요한 것을 정확히 파악하고 추구한다.

  - 타인의 요구에 민감하며 개개인의 자유를 존중한다.

  - 중개와 조정에 뛰어나다. 사물을 넓게 보는 힘이 있다.

  - 밝고 재미있는 일을 좋아한다. 다른 사람들의 마음을 편안하게 해주는 것이 특기다.

  - 관대하고 봉사 정신이 투철하며 이타심이 강하다.

- 조직 관리가 능수능란하다. 자신의 재능을 정확히 파악하고 있다.

- 관능적인 매력이 넘치고 섹스에서 만족을 얻는 기술이 뛰어나다.

- 품위 있게 행동하며 자존감이 높다.

- **배신의 상처를 입고 '지배하는 사람'의 가면 뒤에는 뛰어난 지도자가 숨어 있다.**

  - 타고난 강인함으로 주변 사람들을 안심시키고 지켜주는 보호자 역할을 한다.

  - 재능이 풍부하고 사교적이다. 유머 감각도 뛰어나 주변을 웃게 만든다.

  - 대중 연설에 뛰어나다.

  - 타인의 재능을 알아보고 발휘하도록 도와 그들 스스로 성장할 수 있게 한다.

  - 적재적소에 인재를 활용해서 각자 타고난 능력을 발휘하게 만든다.

  - 남의 기분을 재빨리 파악하고 웃게 만들어 자칫 심각한 분위기를 누그러뜨린다.

  - 기분 전환이 빠르고 동시에 여러 가지 일을 완벽하게 해낼 수 있다.

  - 결정이 빠르며 실행력이 뛰어나다. 필요한 것을 파악하고 유능한 인재를 모아 즉시 행동으로 옮길 수 있다.

  - 다양한 방면과 수준에서 재능을 발휘한다.

- 우주와 자기 내면의 힘을 신뢰한다. 집착을 완전히 내려놓을 수 있다.

- **부당함의 상처를 입은 '완고한 사람'의 가면은 열정적이고 창조적 재능이 풍부한 사람을 가리고 있다.**

  - 체계적이고 정확성을 요구하는 업무를 훌륭하게 수행할 수 있다.

  - 세심하고 꼼꼼해서 면밀한 사항까지 정확히 확인하고 처리할 수 있다.

  - 요점 파악에 뛰어나며 간결하게 정리해서 쉽게 이해할 수 있도록 한다.

  - 감수성이 뛰어나며 상대방의 기분을 손에 쥔 듯 느끼고 이해한다. 자신의 감정도 늘 정확히 파악한다.

  - 때와 장소에 맞게 필요한 행동을 할 수 있다.

  - 적재적소에 인재를 배치하고 활용할 수 있다. 해야 할 말을 정확하게 파악한다.

  - 늘 활기차고 열의에 넘친다.

  - 혼자서도 충분히 행복해질 수 있다.

  - '도피하는 사람'과 마찬가지로 긴급 상황에서 스스로 적절하게 대처할 수 있다.

  - 곤란한 상황에 맞설 수 있는 용기를 지녔다.

어떤 능력은 여러 상처에서 공통적으로 나타나는데, 이것이 바로 당신이 원하는 것을 표현하고 손에 넣도록 돕는 '비장의 카드'

가 될 것이다. 우리는 모두 세상에 단 하나뿐인 소중한 존재다. 이 사실을 깨달으면 누구나 에너지 넘치는 통찰력을 얻을 수 있다.

우리는 누구나 '자기 자신'이었다

잊지 말자. 당신이 이곳에 존재하는 이유는 자신이 누구인지를 깨닫기 위해서였다는 사실을. 우리는 모두가 '자기 자신'으로서 삶의 모든 것을 경험하기 위해 이곳에 왔다. 유감스럽게도 생의 굴레 속에서 그 사실을 까맣게 잊었을 뿐이다.

우리가 '누구'인지를 기억해내려면 먼저 '누가 아닌지'를 알아야 한다. 우리는 우리가 받은 상처가 아니다. 하지만 당신은 고통스러울 때마다 본인이 '상처' 그 자체라고 생각한다. 자신이 아닌 존재를 자기라고 믿어버리는 것이다.

병에 걸렸을 때 당신은 '질병'이 아니다. 질병은 그저 당신이 몸의 에너지를 막는 장벽을 만들었다는 사실을 깨우쳐줄 뿐이다. 그 장벽을 우리는 '질병'이라고 부른다. 또 당신이 누군가를 거부하거나 부당하게 취급하고 죄의식을 느끼면 자신을 '거부' 또는 '부당함'이라고 믿어버린다. 하지만 당신은 '거부나 부당함'과 같은 '경험'이 아니다. 당신은 삶이라는 물리적 세상에서 수많은 경험을 겪고 있는 '자기 자신'일 뿐이다. 나아가 인생은 우리를 자신의 존재 이유로 이끌어주는 일련의 과정일 뿐이다. 그러므로 인생은 완전하고 멋진 것이다.

지치고 힘들 때마다 곁에 머물며 당신을 이끌어주는 것은 바로 당신 안에 존재하는 당신 '자신'이다. 이번 삶에서 성장의 계획을 세우고 같은 상처를 껴안은 부모의 곁으로 이끌어준 존재도, 두려움 때문에 차마 볼 수 없었던 상처를 몸의 변화로 일깨워준 존재 역시도 바로 가면 속에 감춰진 진정한 '자신'이다.

다시 한번 강조하겠다. 가면을 만들고 쓰는 행위는 우리 자신에 대한 최대의 배신이라는 것을. 그 때문에 우리는 진정한 자신을 스스로 지우고 망각해버렸다. 이 사실을 꼭 기억하기 바란다.

변화의 문에 들어선 당신을 응원하면서 스웨덴 시인 얄마르 쇠데르베리Hjalmar Söderberg*의 글로 책을 마무리하고자 한다.

우리는 누구나 사랑받기를 원한다.

그렇지 못하면 존경받기를 원한다.

---

* 스웨덴의 소설가, 비평가, 단편 작가이자 기자. 1869년 스웨덴 스톡홀름에서 태어나 1941년 덴마크 코펜하겐에서 숨졌다. 간결하고 섬세한 문체로 인물의 심리와 스톡홀름의 풍경을 훌륭히 그려냈다. 모국에서의 평가가 높아 세계적 문호인 오거스트 스트린드베리와 어깨를 나란히 하는 작가로 꼽힌다. 본문에 인용된 시는 『Doktor Glas』(1905, 닥터 글라스)의 일부분이다.

그도 안 되면 두려움의 대상이 되기를 원한다.

그것도 어렵다면 증오하고 경멸이라도 해주기를 원한다.

우리는 어떤 감정이든

타인의 반응을 원한다.

우리의 영혼은 텅 빈 상태를 견디지 못한다.

우리의 영혼은 어떤 대가를 치르더라도

닿아 있길 원하기에.

옮긴이 박선영

이화여자대학교 불어불문학과를 졸업하고 책이 좋아 책 만드는 일을 하다가 일본으로 건너가 도쿄대학 대학원에서 언어정보학을 공부했다. 서울디지털대학교, 메가스터디 엠베스트 등에서 교편을 잡고 있으며, 소중한 이들에게 권하고 싶은 좋은 책들을 정성껏 번역하고 있다. 옮긴 책으로는 『뇌 과학자 아빠의 기막힌 넛지 육아』, 『13억분의 1의 남자』, 『말해서는 안 되는 너무 잔혹한 진실』, 『미미와 리리의 철학모험』, 『향연』 등이 있다.

모든 상처는 흔적을 남긴다

1판 1쇄 발행 | 2023년 6월 12일
1판 2쇄 발행 | 2024년 4월 15일

지은이 | 리즈 부르보
옮긴이 | 박선영
발행인 | 강선영 · 조민정
펴낸곳 | (주)앵글북스

주 소 | 서울시 종로구 사직로 8길 34 경희궁의 아침 3단지 오피스텔 407호
전 화 | 02-6367-2020
메 일 | contact.anglebooks@gmail.com
ISBN | 979-11-87512-85-1 03180

* 이 책은 저작권법에 의해 보호를 받는 저작물이므로 무단 전재와 복제를 금하며
  책 내용의 전부 또는 일부를 사용하려면 반드시 저작권자와 ㈜앵글북스의 서면 동의를 받아야 합니다.
  잘못된 책은 구입처에서 바꿔드립니다.

* 이 책은 『다섯 가지 상처』의 개정판입니다.

The
BE yourself
workshop

The dynamic and practical teachings of the BE YOURSELF workshop can help all those who really want to IMPROVE their quality of life. This one of a kind opportunity provides you with a solid foundation to pursue what you want out of life.

The workshop is divided into two different days* in Canada, and you can choose to participate in one or both sessions.

Day 1   BE YOUR TRUE SELF
by letting go of what you believe you should be

Come find out what your current needs are and how to satisfy them in order to feel good and be happy. Step by step, you will discover a number of different tools, including the important step of discovering how much you really love yourself.

You will learn, among other things, how to...

• identify the fears and beliefs which serve as stumbling blocks to your happiness;
• discover what is preventing you from being who you want to be;
• deal with dissatisfaction and reach serenity;
• use the tools that are simple and necessary to be in harmony with yourself.

———

**Dare to take the first step and
come learn how to be yourself!**

Day 2 BE YOURSELF WITH OTHERS

By improving your relationships with them

Come find out why your relationships and the situations you find yourself in are not always as you would like them to be.

Then experiment and discover, step by step, what is possible so that you can establish healthy relationships and reach a state of well being with others.

You will learn, among other things...

• the real sense of responsibility, which will free you from feelings of guilt;
• the importance of making agreements, but also allowing yourself to change your mind.;
• to identify the source of the emotions that damage your relationships and how to deal with them;
• two proven methods to improve your relationships.

**Use your difficult relationships as a springboard
towards better well being!**

**For 30 years, thousands of people have decided to
transform their lives with the help of our tools.
You too can start today and be yourself!**

**Visit our website or call us
1-888-437-8382 or 450-431-5336
www.listentoyourbody.net**

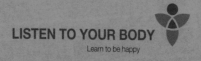

LISTEN TO YOUR BODY

Learn to be happy